20대 여자의 연애는
스킨십에서 결정된다

20대 여자의 연애는 스킨십에서 결정된다

발행일	2018년 5월 18일		
지은이	황 남 인		
펴낸이	손 형 국		
펴낸곳	(주)북랩		
편집인	선일영	편집	오경진, 권혁신, 최예은, 최승헌, 김경무
디자인	이현수, 김민하, 한수희, 김윤주, 허지혜	제작	박기성, 황동현, 구성우, 정성배
마케팅	김회란, 박진관		
출판등록	2004. 12. 1(제2012-000051호)		
주소	서울시 금천구 가산디지털 1로 168, 우림라이온스밸리 B동 B113, 114호		
홈페이지	www.book.co.kr		
전화번호	(02)2026-5777	팩스	(02)2026-5747

ISBN   979-11-6299-122-0 03320 (종이책)   979-11-6299-123-7 05320 (전자책)

이 도서의 국립중앙도서관 출판예정도서목록(CIP)은 서지정보유통지원시스템 홈페이지(http://seoji.nl.go.kr)와
국가자료공동목록시스템(http://www.nl.go.kr/kolisnet)에서 이용하실 수 있습니다.
(CIP제어번호: CIP2018013957)

(주)북랩 성공출판의 파트너

북랩 홈페이지와 패밀리 사이트에서 다양한 출판 솔루션을 만나 보세요!

홈페이지 book.co.kr   •   **블로그** blog.naver.com/essaybook   •   **원고모집** book@book.co.kr

행복한 연애 가치관 형성을 위해 처음 배우는 백전백승 연애비법

20대 여자의 연애는
스킨십에서 결정된다

황남인 지음

북랩 book Lab

'20대 여자의 연애는
스킨십에서 결정된다'

책 제목만 볼 때 다소 자극적일 수도 있겠습니다만, 저자가 오랜 시간 연애에 관련된 수많은 상담과 사례를 연구해본 결과, 20대 여성분들이 연애를 할 때 스킨십에 대한 고민을 가장 많이 하고 있는 것으로 밝혀졌습니다. 성인이 되면 성적 자기 결정권을 갖게 되죠. 그런데 우리는 연애라는 것을 제대로 배워본 적이 없기에, 남자와의 만남과 동시에 스킨십은 어떻게 진행해야 하는 건지, 얼마만큼 좋아해야 사랑하는 사이라고 할 수 있는 건지, 잠자리 관계를 가져도 되는 건지, 내 마음 나도 모를 때가 있고 궁금하기만 합니다.

20대 여자들이 이런 고민을 하고 있을 때, 남자들의 머릿속은 온통 기-승-전-섹스로만 가득 차 있고, 어떻게 하면 스킨십 진도를 나갈 수 있을까만 연구하고 있을 것입니다. 성인이 되어 서로 호감을 갖고 사귀는 사이가 되면, 육체적으로 쓰다듬으며 만지고 싶은 것은 당연한 현상입니다. 여자는 마음과 함께 몸이 따라간다면, 남자는 몸과 마음이 따로 호감을 가질 수 있습니다.

이렇듯 20대 여성들은 사귀기 전 진정 나를 아껴주고 배려해주는 좋은 남자인지, 스킨십만을 목적으로 다가오거나 잠자리 관계 이후 사라지는 나쁜 남자인지를 구별해내는 것이 필요합니다. 20대 성인이 되면서 사귀게 되는 남자친구와의 교제를 통해 첫 번째 연애 가치관이 형성됩니다. 이후 처음으로 잠자리 스킨십을 나누면서 연애라는 것을 하게 되는데, 이때 느꼈던 행복감에 따라 두 번째 연애 가치관이 만들어집니다. 그리고 직장인이 되면서 남자의 사회적인 역량까지 보게 되는 종합적인 기준이 생겨나는 것이 세 번째 연애 가치관입니다. 이후 나와 정말 잘 맞는 사람이 어떤 사람인지 알게 되면서 결혼 가치관이 만들어지며, 연애의 마침표라는 결혼이라는 것을 하게 됩니다.

한 번 잘못된 연애 가치관이 생성되면, 계속 잘못된 만남, 잘못된 관계가 이어지게 됩니다. 주위에서 이성적으로 말리기도 하지만, 자신도 모르게 '나쁜 남자'라는 것을 알면서도 마음이라는 감정이 자꾸 끌려 그쪽으로 기울 수도 있습니다. 그래서 여자가 20대에 어떤 남자를 만나 어떻게 스킨십을 나누고 연애를 하느냐 하는 것은 인생에서 중요한 부분이라고 할 수 있습니다. 그렇다고 스킨십 자체에 너무 겁먹거나 무조건적인 거부만 하는 것도 나중에 문제가 될 수 있으니, 남자친구와 신뢰를 쌓고 조금씩 진도를 더해 가고 진심을 확인하며 피임에 대해서도 잘 알게 되면, 크게 걱정할 필요가 없을 것입니다.

이 책에서는 20세 성인이 되면서 대학 진학 또는 직장인으로서의 환경적인 변화에 따른 남녀 간의 만남에 대해 일어날 수 있는 상황을 시간적인 순서로 하나씩 자세히 풀어나가면서, 자신이 원하고 좋아하는 남자를 만날 수 있는 방법과 앞으로 경험해야 할 마음의 감정처리 및 스킨십은 어떻게 진행해야 하는지 알아봅니다. 또한 남성들의 말과 행동에 따른 숨은 남자 심리 대해서도 함께 살펴보겠습니다. 무엇보다 이 책은 연애라는 관점에서 20대 대학생들이 경험하게 될 대학생활, 대외활동, 사귀기 전 고민, 그 누구한테도 말 못 할 고민, 교제→연애→열애로 이어지는 스킨십 진도와 고민, '취준생'일 때 연애를 해야 할지 하는 고민, 20대 직장인들의 연애 고민, 나쁜 남자 구분법과 절대

하지 말아야 하는 것들, 백전백승 연애 비법까지, 이미 20대를 경험했던 언니들의 입장에서 거침없이 풀어놓았습니다. 이 책을 참조하여 한 걸음만 뒤에서 살펴보고 서로간의 신뢰를 쌓는다면, 자신에게 맞는 멋진 남자친구를 만날 수 있을 것입니다. 세상에서 가장 멋진 남자와 달콤한 스킨십을 나누고 알콩달콩한 연애를 하시길 바라며, 행복한 연애 가치관이 형성되기를 진심으로 기원합니다.

5월의 어느 날
커플 매니저 황남인

3가지 주요 키워드
'성적 자기 결정권'
'연애 가치관(교제→연애→열애)'
'연애의 5단계'

　같은 20대 여성이라도 크게 대학생과 직장인으로 나누어지고, 스킨십에 대한 생각과 경험도 천차만별입니다. 그래서 이 책은 20대 여성분들에게 도움을 드리고자, 앞으로 겪게 될 연애에 대하여 크게 3가지를 말씀드리고자 합니다. 첫 번째는 20세 성인이 되면서 자신의 감정을 조절하고 몸과 마음을 책임져야 하는 '성적 자기 결정권'입니다. 이것에 대해서 보다 더 잘 아는 것은 중요하며, 어떻게 행사하는지 알 필요가 있습니다. 두 번째는 내가 남자를 만나면서 행복의 기준이 되는 '연애 가치관'입니다. '첫 번째 연애 가치관'은 남자친구를 만나서 잠자리 스킨십이 없는 교제를 하는 단계를 말하며, '두 번째 연애 가치관'은 잠자리 스킨십을 가지면서 갖게 되고, '세 번째 연애 가치관'은 직장인이 되며 남자의 경제력을 포함한 종합적인 판단을 하게 됩니다. 이후 나와 정말 잘 맞는 사람이 어떤 사람인지 알게 되면서 최종단계인 '결혼 가치관'을 갖게 됩니다. 마지막으로 이 책에서는 20대 여성분들이 가장 고민하는 '연애 단계(스킨십)'를 집중적으로 다루어 도움을 드리고자 합니다.

　우리가 흔히 연애라고 하면 5가지 단계로 나눌 수 있습니다. 연애의 5단계는 첫 번째 '목표 설정' 단계(호감 가는 이성 정하기), 두 번째 '첫 만남'

단계(정식으로 단 둘만의 첫 만남), 세 번째 '만남 지속' 단계(첫 만남 이후 고백하기까지), 네 번째 '연애' 단계(사귀고 나서 잠자리 스킨십을 나누는 데까지), 다섯 번째 '열애' 단계(스킨십을 마음대로 나눌 수 있는 연인 지속 기간 또는 권태기에서 이별)로 나누어집니다. 20대분들에게 1~3단계까지는 '시절 인연'이라고 해서 호감이 가는 사람을 만날 수 있는 시간과 공간이 너무나도 많아 일어날 수 있는 일들을 시간 순으로 나열했고, 가장 궁금해 하시는 '4단계'(스킨십)에 조금 더 할애했습니다.

CONTENTS

1장

MADE IN TWENTY

대학 생활

O.T. 1년이 결정된다!

수능시험이 끝나고 성인이 되는 것과 동시에 대학에 입학하게 됩니다. 합격 통지서와 함께 오리엔테이션 일정이 나와 있습니다. 첫 설렘이지요. 성인이 되고 처음으로 공식 외박이 되기도 합니다. 오티를 가야할지 말아야 할지 고민하시는 분들도 많은데, 저에게 물어본다면 안가는 것을 권장합니다. 학교 관련 오리엔테이션은 학교 자체에서 따로진행을 하기에 학교를 다니는 데 전혀 불편을 느낄 수 없고, 모르면 학과 교수님이나 조교에게 요청하면 친절하게 가르쳐줄 테니 전혀 걱정하지 마시길 바랍니다.

걱정되는 부분이라면 학과 선후배에게 잘못 보이면 어떡하나 하는것일 텐데요. 요즘은 단과대나 학부 단위로 모집하기 때문에, 2학년이되어야 최소 학과가 정해지기에 아직 직속 학과 선배가 없습니다. 하지만 아직까지 선후배 문화가 남아 있는 예체능 단과대라면 참여하셔야합니다. 노는 쪽으로만 생각하면 대학문화에 빨리 적응하면서 술 마시고 공식적으로 즐길 수 있다는 생각이 먼저 들 수도 있겠네요.

오티를 권장하지 않는 이유는, 크게 배울 게 없다는 것입니다. 학과집행부 소속인 분이 이 글을 보면 기분 좋지 않겠지만, 여러분이 욕심내는 공부 잘하는 선배는 아마 없을 겁니다. 공부를 잘하는지 못 하는지 확인할 방법은 더더욱 없습니다. 오히려 오티는 여러분과 비슷한 친구들이 모이는 자리이기도 하기에, 이날 하루 친해진 친구가 1년을 같이 가야 할 겁니다. 오티에서 옆에 있었다는 이유만으로, 아니면 조를 정해주어 본인 의사와 상관없이 친해지게 되면, 2박 3일을 함께할 수밖에 없습니다. 이때 만난 친구들과 수강신청 정보도 교환하며, 개강과 동시에 수업도 같이 듣고, 밥도 같이 먹으며, 술자리나 학교생활의 모든 것을 함께 하는 사이가 될 겁니다.

연애라는 관점에서는 남자 정보도 공유하고, 단체 미팅도 함께하며 베스트 프렌드가 될 수도 있습니다. 반대로 정보력에 뒤처지거나 아는 남학생이 많지 않으며 타 지역에서 온 친구들만 만나게 되면, 그냥 1년 연애는 물 건너갈 수도 있습니다. 오티부터 함께한 친구들은 이래저래 '빼박캔트(빼도박도 못 한다는 말로 이러지도 저러지도 못하는 난처한 상황을 나타내는 신조어)'가 되어버립니다. 주로 오티에는 학교 집행부라고 해서 나서기 좋아하고 감투하는 2학년들이 주도권을 잡습니다. 군대를 갔다 온 남학생도 있고, 나이가 조금 있는 친구도 있을 수 있습니다. 이들 시각에서는 아직 고3 때가 벗겨지지 않은 당신의 외적 이미지가 앞으로 2, 3학년 때 어떻게 변화할지 보이기도 합니다. 복학생이라고 무시할 게 아니라, 군대 내에서 24시간이 모지랄 정도로 여자만 생각했을 수 있습니다.

또한 여자친구가 없는 2학년 남학생에게 오리엔테이션 집행부로 참여한다는 것은 더할 나위 없이 좋은 기회입니다. 단과대 및 학부 1학년 여학생들을 다 살펴볼 수 있고, 선배라는 신분을 이용해서 접근하기 용이한 입장에 있기 때문입니다. 그들이 연락처를 달라고 하면 줘야 하기도 하지만, 굳이 그렇지 않더라도 알아내고 싶다면 명단을 보면 됩니다. 입학식도 하기 전에 오티 때 옆에 있던 남학생이나 선배와 사귀는 여학생도 꽤 있습니다. 개강하고 나면 술 마시고 놀 일과 남학생을 만날 기회는 정말 무궁무진하게 많으니, 오티 때 빼박캔트로 코페이지 말고, 한 발 물러서서 대학문화를 조금 천천히 접하시는 것도 좋은 방법입니다.

💬 **팁** **급할수록 돌아가라! 기회는 얼마든지 있다!**

정보수집 차원에서 참여해보자!

대학 입학 후 2번째로 크게 인연이 맺어지는 일이 바로 신입생 환영회입니다. 개강 이후 2주 또는 3주째 금요일 정도가 될 겁니다. 보통 교수님은 참여하지 않고, 4학년까지 짧게라도 얼굴을 비추곤 합니다. 이때부터 서로 술자리에서 게임이나 대화를 통해서 선배들이 서로 사귀라고 부추기는 경우가 종종 생깁니다. 이런 자리에서 반 장난으로 시작했는데 교제를 시작하게 되는 커플들도 꽤 많이 생겨납니다.

이때 그 자리에서 '예스' 하시면 대학생활이 살짝 꼬일 수도 있으니 가급적이면 웃어넘기는 쪽이 좋습니다. 아직 체크 해봐야 할 남자들이 얼마나 많은데, 한 번에 선배나 동기들의 부추김으로 남자를 선택하는 것은 성급한 것 같습니다. 또한 누가 누구한테 호감이 있고 사귀고 있는 사이인지 정보가 한꺼번에 나오는 자리이기도 하고, 사귀는 사람이 있는지 알 수 있는 자리이기도 합니다. 1학년이라면 조금 긴장되고 걱정도 되는 자리인지라 뻣뻣할 수가 있는데, 반대로 선배들의 성향을 파악할 수 있는 좋은 자리이기도 합니다. 공식 첫 행사인 만큼 초두 효과로 굳어지는 자리일 수 있으니, 조금은 외적인 이미지도 신경 쓰고, 옷차림도 깔끔하게 해서 참여하실 것을 권장합니다.

이때는 남녀 선배 할 것 없이 신입생들을 위한 자리이기 때문에 참석하서서 선배들에게 이것저것 물어보면 꽤나 쏠쏠한 정보를 많이 얻을 수 있을 겁니다. 교수님의 성향이나 수업정보, 교양수업, 동아리 정보, 어느 선배와 친하게 지낼지 말지가 보일 겁니다. 이때 조금만 적극적이면 괜찮은 인적 네트워크를 형성할 수 있으니, 소주병 하나 갖고 로테이션으로 선배들에게 한잔씩 준다면, 기꺼이 남녀 선배님들께서 예뻐해줄 겁니다. 반대로 이때 눈 밖에 나는 튀는 행동이나 말로 분위기를 다운시킨다거나 좋지 않은 모습을 보이면, 완전히 찍혀버릴 수도 있으니 유의하시길 바랍니다.

신입생 환영회는 본인이 속한 학부와 학과만이 아닌, 다른 학부, 학과도 거의 비슷한 시기에 진행하기에, 학교 앞에서 진행된다면 같은 술집에서 만날 수 있습니다. 약간의 타 학과, 학부생들과 목소리 높이기 경쟁 아닌 경쟁도 생길 수 있습니다. 타 학과 학부의 분위기도 한 번 볼 필요가 있고, 멋진 남자가 있는지도 한 번 눈여겨볼 수 있으면 좋겠습니다. 학과 학번을 바로 물어보는 타 학부 남학생도 있을 수 있고, 당신을 점 찍는 타 학과 남자도 있을 수 있습니다. 화장실을 오가며 이런저런 남자를 볼 수도 있을 겁니다.

신입생 환영회는 전초전에 불과합니다. 1차가 밤 10시쯤 끝나는데, 이때 누군가 자신을 챙겨주려 같이 나오는지, 누가 자신한테 호감을 갖고 있는지 감이 잡히지 않을 겁니다. 아직은 시작이니까요.

팁 신입생 환영회에서 꽤 많은 정보를 알 수 있다!

RULE 03: 시험 후 총 엠티

불편해도 예쁘게 꾸미고 가자!

중간고사가 끝나고 나면 보통 총 엠티, 우리말로 모꼬지라고 해서 진행이 됩니다. 총 엠티에는 모든 교수님들이 참석하신다는 이유로 집행부에서 학생들을 독려합니다. 학생들 입장에서는 교수님이 참석하신다는 말에 무언지 모를 압박감과 잘 보이고 싶은 마음에 이끌려가기도 하는데, 사실 교수님들 입장에서는 1학년들은 누가 누군지도 모르니, 이런 부담은 가지지 않으셔도 됩니다. 요즘은 하도 사건사고가 많아 문제가 생기면 책임을 져야 하는 입장인지라, 각 대학교마다 학교 측에서 교수님들은 반드시 참여하라고 하는 상황입니다.

대학생이 되고 나서 처음이라면 총 엠티를 가보시길 권장드립니다. 2학년 때부터는 선택상황이며, 재미가 없거나 학생회비가 비싸다는 이유로 불참하는 경우도 많습니다.

엠티를 가게 되면 집행부에서 보통 조를 정해줍니다. 준비물도 챙겨야 하겠죠. 우리의 목적인 연애의 관점에서, 총 엠티 출발 전에는 예쁘게 보일 수 있는 옷차림과 화장도 하고 가시길 권장드립니다. 여행이나 마찬가지이니 조금 튀어도 괜찮습니다. 그래야 편한 옷차림으로 온 여학생들에 비해 남학생들의 시선을 차지하게 될 겁니다. 도착해서 편한 옷차림으로 갈아입으시되, 예쁜 트레이닝복으로. 감각은 살아 있어야 합니다. 게임도 대충 하지 마시고 최선을 다하는 모습을 보여야 남학생들의 시선에 들어올 겁니다.

식사 준비가 시작되면 권력을 쥐고 있는 여자 선배의 지시하에 이것저것 할 일이 분배됩니다. 이때도 최선을 다하시고, 함께하는 여자 선배나 동기가 있으면 "뭐 도와드리면 되나요? 어떤 것 할까요?"라고 계속 물어보고 도와주면서 설거지는 반드시 참가하시고, 가장 마지막까지 남아 있으실 것을 권장드립니다. 그렇게 여자 선배, 동기들에게도 예쁨 받으시는 최고의 여학우가 되시길 바랍니다.

캠프파이어까지 이어지고 나면 다음부터는 삼겹살에 소주가 주를 이루며 자유로운 파티 타임입니다. 12시를 전후해서 주위에서 한 명씩 사라집니다. 보통 중간에 메신저인 친구들이 있어서, 누가 누구를 부른다거나, 술을 잠시 깨기 위해 조금 걷자고 한다거나 하는 제안을 하기도 합니다. 잠깐 얘기하자고 해서 나가게 되면, 보통은 남자 동기보다 선배인 경우가 많은데, 고백 타임입니다. 이쪽저쪽에서 정신없이 많은 고백 타임이 이어집니다. 오히려 불려나가지 않고 숙소 내에서 열심히 게임만 하고 있는 안타까운 경우가 생기기도 합니다.

이때 재미있는 상황은, 인기녀의 경우 지켜보고 있는 시선이 2명 이상일 수 있습니다. 만약 당신이 바깥으로 불려나가 남학생의 고백을 받았다면 생각할 시간을 달라며, 엠티 이후에 답을 주겠다고 하시는 편이 좋습니다. 그리고 빨리 다시 숙소 내로 들어오시길 바랍니다. 이 모든 것을 지켜보고 있는 또 다른 시선이 있을 수 있습니다. 다른 남자에게 또 불려나간다면 담담하게 받아들이시고, 같은 답을 주시면 됩니다. 왜냐하면 당신에게 고백한 남자에게 호감을 갖고 있는 여학생이 있을 수 있다는 것입니다. 본인은 아무것도 하지 않았는데 여러 사람의 입장이 달라지며 곤란한 상황이 발생할 수도 있다는 것입니다.

이런 상황이 당신에게 올 수도 있기에 모든 말과 행동에 조신하시길 바랍니다. 엠티는 혈기 왕성한 남녀들이 술을 마시는 자리이기에, 생각지도 못한 돌발상황도 많이 발생할 수 있습니다. 교수님과 조교 선생님들도 참석해 있고 전 학과 학생이 있는 자리이기에, 총 엠티에서는 조금 자제하는 게 좋습니다.

> **팁** 출발할 때는 예쁘게, 엠티 장소에서 편한 옷으로 갈아입자!

RULE 04: 축제에서 주점

공격해볼 수 있는 좋은 타이밍!

중간고사가 끝나고 총 엠티 이후에 5월 중순부터 각 대학교마다 축제가 시작됩니다(가을 축제를 하는 학교도 있습니다). 이제는 각 대학교마다 어떤 연예인이 오느냐가 성공한 축제의 중요한 기준이 되어버렸고, 라인업이라는 것까지 생겨났습니다. 저자가 20년 정도 서울 시내 대학교 내 2017년도까지 축제를 즐겨본 결과, 변하지 않는 분위기라는 게 있습니다. 안 가보셨다면 3곳은 한 번쯤 가보실 것을 권장해 드립니다.

먼저 홍익대학교입니다. 과거부터 홍익대학교 축제는 재미있기로 유명합니다. 각 학과 및 동아리 주점이 모두 특색이 있고, 1년 내내 축제만 준비한 것처럼 보일 정도라서, 홍대 클럽보다 더 재미있을 겁니다. 또한 지역 일대 상인들이 들어오는 것도 허락이 되는지, 홍대 지역 일대의 분위기를 홍익대학교가 마지막 퍼즐을 맞춘 듯합니다.

그다음은 건국대학교 축제인데 학교 넓은 것으로 유명합니다만, 호수에 배를 띄울 수 있는 볼거리를 제공합니다.

마지막으로 연세대학교 축제인데, 여유가 있는 학교여서인지 동아리 및 교내 방송국에서 초대하는 연예인들이 타 대학교 라인업 정도이며, 주점은 크게 차이가 없지만, 가을에 고연전(가나다순)으로 인한 응원제

'아카라카'는 1만 원이 넘는 입장권을 내고 판매하면서도, 없어서 못 구할 정도인 만큼, 그해 최고의 가수들을 한자리에서 볼 수 있습니다.

각 대학교의 축제 기간 내 즐길 거리도 보고, 연예인들의 공연도 끝나면, 본격적인 주점 타임이 시작됩니다. 그것도 12시 전후가 되면 조금씩 자리가 마무리되어가면서 사랑이 꽃피는 시간입니다. 캠퍼스 구석구석에서 키스 타임도 볼 수 있고, 고백하는 남자, 심각한 대화를 나누는 곳도 있습니다. 삼삼오오 모이기도 하고, 잠깐 대화를 나누는 시간도 있으며, 술도 조금 깨고자 자리를 이동하거나 모자라는 재료를 사러 간다거나 할 때 남학생이 은근슬쩍 접근하거나 적극적으로 나서기도 합니다. 또한 옆에서 이것저것 준비하는 모습이나 술과 분위기에 취해 갑작스레 들이대는 경우도 많이 발생합니다.

같은 학과나 동아리 내 동기나 선후배의 남학생 입장에서는 축제의 마지막 날인 금요일을 많이 노리기도 합니다. 이때가 한 학기의 마지막 기회이기에 도전을 해야, 다음 학기까지 여자친구를 만드느냐 아니냐가 바로 결정되기 때문입니다. 여학생분이라면, 마음에 드는 남자가 있다면 기회를 노려보셔도 좋습니다. 축제 기간에는 학교에 수업이 있어도 교내 분위기가 들뜨고, 따뜻한 5월 누구나 마음이 설레고 싱숭생숭하기에, 여자 입장에서도 남학생을 공략할 시 성공률이 높습니다. 마음에 드시는 분이 있다면, 보통 축제 기간 내 남학생의 동태를 살피시면 됩니다.

보통 축제 3일 동안 한 번은 주점에 들르게 되어 있습니다. 고학년이라 도서관에서 공부를 하는 분이라면, 그 타이밍을 쫓다시피 동선을 같이하시면 됩니다. 오히려 도서관은 평소보다 사람이 없어서 공략이 좀 더 마음 편하실 겁니다. 남성분이 집행부나 주점을 준비한다면 자진해서 주점 준비에 지원하시면 되고, 3일 내내 보신다면 매일 조금씩 다른 매력을 보이면서 거리를 좁히는 것도 좋은 방법입니다. 보통 마지막 날이 금요일이 많기도 해서, 이때 여학생분이 먼저 고백하시는 것도 방법입니다. 어차피 다음날이 주말이면 차주에 보기에 민망함이 덜하며, 잘되면 좋은 현상이고, 반응이 좋지 않다면 술김에 그런 거라며, 기억도 잘 안 난다고 넘어가셔도 되니까요. 지나고 나면 좋은 추억거리가 되니까, 한 번쯤은 용기를 내어보시길 바랍니다.

 팁 **축제 주점에서 취한 척 연기 신공을 발휘해본다!**

기념일 증후군의 시작!

성인이 되고 나서 처음 맞는 20대의 생일은 무언가 다른 것을 해보고 싶다는 생각이 들게 할 수 있습니다. 가장 큰 변화는 공식적으로 술을 마실 수 있는 것이고, 생일 기념으로 부모님께 용돈도 받을 수 있다는 것입니다. 또한 타 대학에 간 중고등학교 시절 친하게 지내던 친구들도 불러서 한턱 쏠 수 있습니다. 이때부터 당신의 생일은 연례행사가 됩니다.

처음에는 예쁘게 옷 차려입고 살짝 어색한 화장을 한 채, 케이크를 산 친구들과 함께 술자리를 가집니다. 여기서 더 발전하면 부킹 술집에서 즉석 부킹으로 남자들과 함께 놀 수도 있고, 본격적으로 술에 적응되면 진한 화장에 짧은 치마를 입고, 모여서 클럽에서 룸이나 부스를 잡고 조금은 비싼 술도 마셔보며 즐길 수도 있습니다. 조금 색다르게 호텔에서 파자마 파티를 하며 셀카 삼매경에 빠지기도 합니다.

생일 관련 할인이나 쿠폰은 보통 생일 기준 앞뒤로 한 달이다 보니, 이런 혜택을 누리기 위해서라도 한 달 내내 생일을 챙기는 분들도 많습니다. 남자친구가 생기면 둘만의 시간도 보내야 하고, 친구들도 만나야 합니다. 생일날 남자친구와 무엇을 하고 어떤 선물을 받았는지 여자사람친구들에게 자랑도 해야 합니다.

만 20세가 되면 성년의 날에 장미꽃 20송이, 향수, 남자친구의 키스를 받아야 하는 날이라고 합니다. 직장인이 되면 남자친구와 근사한 곳에서 식사도 하고, 멋진 곳에서 사랑을 나누기도 합니다. 유의할 정도는 아니지만 '기념일 증후군'은 멀리하실 필요가 있습니다. 한 번 빠지게 되면 나의 생일은 특별하고 늘 이렇게 보냈다는 생각에, 매년 큰 행사로 생각하는 것에서 시작되어 몇 달 전부터 계획하는 여성분들도 많습니다. 또한 생일만큼은 뭐든지 다 자신을 위해야 하고 용서받을 수 있다는 생각을 가진 분들도 있습니다.

타 지역의 대학생활을 한다면 부모님께서 전화를 거셔서 미역국을 먹었는지부터 챙기실 겁니다. 자상한 남자친구를 만나 생일날 즉석 미역국이라도 선물해주며, 온갖 기념일을 챙겨주는 남자를 만나고 나서 헤어진 다음에, 남자친구도 없고, 여자사람 친구들과도 생일을 함께하지 못한다면, 아무도 챙겨주지 않는다는 서러움에 괜히 우울해질 수도 있습니다. 늘 특별한 기억으로 남지 않을 수 있다는 것도 생각하시어 담담히 넘기는 지혜도 필요합니다.

당신이 태어난 날을 기념하고 멋진 생일파티를 한다는 것은 좋지만, 매번 좋은날이 되지 못할 수도 있습니다. 연애와 마찬가지로 생일파티도 한 번 좋은 기억을 가지면 그다음 해는 더 멋진 계획을 하고 더 큰 선물을 바라게 됩니다. 여자사람친구들끼리는 당신의 생일파티에 빠진다거나, 작년보다 선물의 규모나 가격이 줄었다고 하면, 괜히 기분이 좋지 않을 수도 있습니다. 여자들의 우정에서 한 번 토라지면 꽤나 오래가기에, 이런 소소할 수 있는 부분으로 친구와 절교하는 일은 없길 바랍니다.

또한 작년에는 남자친구가 있었는데 올해는 없을 수도 있습니다. 직장인이 되면 당신의 생일이 가장 바쁜 업무로 돌아가거나 심하게 꾸지람을 듣는 날이 될 수도 있습니다. 미리 앞당겨 주말에 생일파티를 하고, 당일은 자신을 위한 선물을 주며 휴식을 취하는 것도 좋은 방법입니다.

 팁 당신에겐 특별한 날이겠지만, 주위 사람들은 피곤할지도!

RULE 06: 방학 다이어트

미모 선점하기, 빠르게 성공하자!

　'대학 가면 살 빠진다'는 어머니들의 시대적 망언이 더 이상 통하지 않는다는 것을 경험해보신 분들은 잘 아실 겁니다. 다이어트는 적게 먹고, 많이 움직이면 되는 누구나 아는 이론이지만, 실제 쉽지 않습니다. 장기적으로 1년에 2~3킬로 빼면 좋다는 전문가들의 비현실적인 얘기는 들리지 않습니다. 방학이 끝나고 개강할 때마다 학과에는 예뻐지는 친구들이 많아집니다. 나는 방학 때 뭐했나 하는 생각을 하게 되고, 그다음 방학을 생각하게 됩니다.

　1학년 여름방학은 학교에 대한 적응기이기 때문에 그냥 흘려보낼 수 있습니다. 대학생이 되고 처음 맞는 방학이기에 타 지역에서 올라온 여학생의 경우 집에 내려가거나 친구들과 여행을 갈 수도 있고, 처음으로 돈을 벌어보는 아르바이트로 경험도 해보며, 농활이나 워터파크 체험을 해보기도 합니다. 하지만 연애라는 관점에서만 보면, 방학이라는 2달여 기간 동안 독하게 마음먹고 조금 무리해서라도 확실히 살 빼보실 것을 권장해 드립니다. 모든 활동은 접고, 식사량을 줄이며 유산소 운동을 많이 하신다면, 처음에는 힘들겠지만 그 성취감이 어마어마할 것입니다.

　요요현상은 크게 걱정하시지 않으셔도 됩니다. 다행히 우리나라 대부분의 대학교 캠퍼스는 평지가 아닌 언덕이 많아, 저절로 운동이 되어 유지가 가능합니다. 또한 술 많이 마시고 안주 적게 먹기 신공으로 알코올 분해에 지방을 쓰면서, 아침 거르기로 인해 식사량이 많지 않은 상황이 많고, 다이어트한 게 아깝다는 생각과 동시에 남자들의 시선 받는 것도 나쁘지 않으며, 무엇보다 예쁜 옷 입는 것이 새로운 즐거움이 된다면, 한 번 성공한 다이어트는 쉽게 돌아가지 않을 겁니다.

이왕 다이어트를 방학 때 하기로 생각한다면, 빠르면 빠를수록 좋습니다. 방학이 거듭될 때마다 학과 친구들은 다이어트는 기본이고 조금씩 의학과 과학의 힘을 빌리기도 합니다. 2학년부터는 학교에 있기보다는 외부 활동도 가장 많이 하게 될 시기이기에, 교제에서 연애를 위한 단계로 정점을 찍어가는 시점입니다. 마지막 학년이 되면 봄철에 찍는 졸업 앨범을 위해 자연스레 다이어트에 최선을 다하게 됩니다. 백만 원을 넘어가는 강남 최고의 풀 메이크업을 받고 사진 촬영에 임하는 여학생들도 많습니다. 특히 대학 졸업 앨범은 평생 남고, 커플 매니저들이 주선하는 선자리가 들어와서 결혼으로 연결될 수도 있기에 신경 쓰지 않을 수 없습니다(요즘은 개인정보 문제로 인해 졸업 앨범 뒤에 연락처를 남기지 않아 큰 의미는 없습니다).

한 학기를 남겨두면 취업준비나 실습을 나가야 하는 부담이 있습니다. 취업 시 외모도 경쟁력이기에 다이어트도 당연히 해야 하겠지만, 부족한 학점이나 어학 점수를 끌어올려야 하고, 자기소개서나 이력서도 처음 써보게 되는 상황이라 신경 써야 할 것들도 많습니다. 이런 상황에 운동에다 식사량도 줄여야 한다면 스트레스가 많아지고 예민해져서, 하는 것마다 짜증만 나고 되는 일이 하나도 없다며 좌절할지도 모릅니다. 학년이 올라갈수록 중간에 휴학이나 어학연수, 계절학기, 외국어 공부 등의 필요성을 다이어트보다 더 강하게 느낄 것입니다. 그렇기에 상대적으로 조금 여유가 있는 1학년 방학 때 다이어트에 성공하셔서, 대학생활의 첫 번째 성취감을 맛보시길 바랍니다.

 **언젠가 해야 할 숙제를 가장 먼저 해결하자!**

RULE 07: 유학 어학연수

매번, 해외파 찾기 타령!

　어학연수나 유학을 가는 이유가 어찌되었건, 첫 번째 목적은 학업입니다. 어학연수의 경우 8~10개월 정도가 가장 좋다고 합니다. 그 이상이 되면 외로움에 사무치게 되고, 그 이하이면 살짝 아쉽다고 합니다. 유학을 하면 어학 능력에서만큼은 좋은 점수를 받다 보니 조금 유리한 것은 사실인 것 같습니다. 미국의 경우 아이비리그, 그 외 지역은 그 나라를 대표하는 특정 대학교 학과가 아닌 이상, 국내에서의 인식은 공부가 목적이 아니라고 보는 경우도 많습니다. 국내의 좋은 대학도 많은데 굳이 해외에 나간다면, 집에 돈은 조금 있으나 공부를 못해서 유학 갔다는 인식도 있습니다. 특히 보수적인 어른분들이나 해외에 나가본 경험이 있는 남자들이 외국에서 공부한 여자를 배제하는 경우도 많습니다. 해외에서는 지저분하게 논다는 잘못된 인식도 있고, 직접 그런 광경을 봤다고 해서, 소개에서 제외해달라고 요청하는 분들도 있습니다.

　어학능력만이 목적이라면 국내에서 외국인 남자친구를 만나시는 것도 권장해 드립니다. 이태원 클럽에서가 아니라 대학교 내 어학당들이 많이 있고, 요즘은 외국인과 함께하는 모임이 잘되어 있습니다. 확실한 것은 외국인 남자친구가 생기면 어학능력은 확실히 좋아진다는 것입니다. 짧은 해외여행을 가서도 현지에서 불타는 사랑을 하는 분들도 있습니다. 만약 외국에 나가게 된다면 어학연수와 2년 이내 유학 정도라면 가급적 학업에만 집중하시고, 연애는 하지 않으실 것을 권장하여 드립니다.

아무래도 타지에 있다 보니 외로움에 사무치고 힘들며, 어려운 점은 충분히 이해합니다만, 그렇기에 쉽게 흔들리는 것도 사실입니다. 해외에서 만난 한국인 남학생, 현지에서 만난 외국인 꽃미남이 더 잘생겨 보일 수도 있습니다. 해외는 배경도 좋고, 채광도 좋으며, 공기도 다릅니다. 국내도 아닌 이 넓은 세계에서 운명의 짝을 만난 것 같은 느낌을 가질 수도 있습니다. 추후 한국에서 직장생활이 시작되고 연애가 잘 안 되어 돌이켜볼 때, 가장 아름답고 멋진 연애가 해외에서 만난 남자와의 연애일 수 있습니다.

사실 환경적인 상황 때문에 서로가 더 마음이 간 것일 수 있는데, 나중에 연애가 안 되면 자신은 해외파가 잘 맞는다며, 툭하면 해외에 나가려 한다거나 유학생을 소개해달라고 요청을 하는 여성분들이 많습니다. 사실 이런 분들을 보면 대한민국에서의 직장인 남성들이 좋아하고 바라는 외적 이미지와 호감 가는 요소를 간과하는 경우가 많습니다. 이런 분들은 빨리 직장인 연애 메커니즘을 익히실 것을 권장하여 드립니다. 해외 경험이 있는 남자와 잘 맞는다는 생각은 이제 묻어두고, 국내에서의 적응과 함께 좋은 남자 만나서 잘되고자 하는 노력이 더 빠르고 좋은 방법이라고 말씀드립니다.

 팁 해외 타령은 이제 그만! 대.한.민.국. 짝짝짝 짝짝!

RULE 08: 군대 가는 남자

요즘 곰신 기한은 길지 않다!

　대한민국 남자라면 누구나 가야 하는 군대입니다. "3년이라는 시간 동안 그대 나를 잊을까…"라는 노래가 크게 인기 있던 시절이 있었습니다. 그래서 여자친구가 '곰신(고무신)을 거꾸로 신냐 아니냐' 갈등도 많이 하던 시절도 있었습니다. 하지만 지금은 군복무 기간이 2년 남짓이라 곰신(군대에 간 남자친구나 애인을 기다리는 여자들을 일컫는 말로 쓰이는 유행어)이 되어볼 만합니다. 처음에는 길어 보여도, 2번째 휴가부터는 너무 자주 나온다는 생각도 들 겁니다. 물론 당사자들은 하루하루가 1년 같을 겁니다. 남자들에게는 두렵고 낯선 곳이기도 하지만, 한편으로는 재충전의 시간이면서, 사회와의 단절이라는 생각에 무언가 어려운 일에 도전해보고 싶다는 생각도 갖게 해줍니다.

　그중 하나가 여자친구와의 잠자리를 갖는 것일 수도 있습니다. 남자들 사이에는 '군대 가기 전에 나를 위해 울어주는 여자가 한 명은 있어야 한다'라는 말이 있습니다. 앞서 말씀드린 바와 같이 남자친구와 교제 중인지 연애 중인지도 중요합니다. 교제 중이라면 군대를 핑계대고 마지막이라는 말과 함께 잠자리 관계를 가지자고 조르는 남자도 있습니다. 영장이 나와 마지막이라는 생각과 함께, 거절당하더라도 군대를 가면 된다는 생각으로 부끄럽지만 용기를 내서 고백하는 것은 아름다운 모습입니다만, 받아주면 기다려줘야 할 것이고, 안 받아주면 너무 매몰찬 것 같습니다.

하지만 군대라는 핑계로 내 마음을 받아달라고 할 때는 냉철해질 필요가 있습니다. 역이용하는 못된 남자도 있습니다. 객기를 부려 사귀지도 않는데 잠자리만 갖고 군대를 가버리는 남자도 간혹 있을 수 있으니, 여성분 입장에서는 남자가 군대 갈 시점이 되었다면, 이런 점도 알고 스킨십 진도를 나가서야 할 것입니다. 남자친구와 사귀고 있는 중에 군대를 보내게 된다면, 기다려줘야 할지 말아야 할지 고민이 되실 겁니다. 오히려 괜찮은 남자라면 "기다리지 마"라고 얘기하면서, 나보다 더 좋은 남자가 생기면 만나라고 말해주면 더 멋있게 보일 겁니다. 요즘 남자들은 기다리지 않을 것을 알면서도 내심 바라고는 있을 겁니다. 선택은 여성분께서 하셔야 하겠지만, 스킨십 진도가 없는 교제 중이라면 헤어지셔도 서로가 크게 마음이 아프지는 않을 겁니다. 열애 중이었다면 정이 들어 헤어지기 어려우실 텐데, 한편으로는 곰신이 되는 미덕도 누려볼 수 있습니다.

사귄 지 3~6개월 정도의, 스킨십 진도가 얼마 되지 않았거나 잠자리 관계 3회 이하의 커플은 애매모호합니다. 정이 들었다고 보기도 어려워서, 어떤 선택을 하든지 둘 중 한 사람에게 데미지가 있을 수 있습니다. 더 문제가 되는 것은 남자친구가 군대에 가 있는 상황에서 헤어짐을 고해야 하는 경우가 발생한다는 것입니다. 이때 여성분 입장에서 군대 가기 전에 차라리 헤어지자고 하면, 쉽지는 않지만 남자친구로서의 역할을 할 수 없는 상황이라 어느 정도 동의를 할 수 있습니다.

하지만 다른 남자가 마음에 들어와 군대 가 있는 남친에게 헤어짐을 고해야 한다면, 조금은 좋지 않은 얘기를 들을 것도 감수하셔야 할 것입니다. 외로움을 많이 타거나 군대 간 남친의 큰 장점을 포기하지 못하는 상황에서 다른 남자에게 감정이 생겨난다면, 그 남자를 만나 보셔도 괜찮습니다. 일어날 일은 일어나게 되어 있다고 생각하여, 너무 죄책감 가지지 마시길 바랍니다. 제대 이후라면 여성분의 감정이 더 확실해져 있을 테니, 그때 결정을 내리시는 것도 방법입니다.

팁 무작정 기다리는 것만이 미덕이 아닐 수도!

RULE 09: 눈·코·가슴 성형

하면 예뻐질까! 언제가 좋을까!

여자 대학생이라면 누구나 예뻐지고 싶다는 생각을 할 겁니다. 요즘 눈과 코는 성형 축에도 속하지 않고, 여성이라면 몇몇 군데 정도는 다 하는 걸로 생각하는 남성분들이 많은 것 같습니다. 쌍꺼풀은 라식이나 라섹 수술과 함께 하는 경우가 많고, 코는 높이는 것이 대부분인데, 비염까지 함께 치료하는 경우도 있으며, 매부리코라고 해서 돌출되어 보이는 경우는 깎기도 합니다.

성형을 다시 태어나는 거라고 말씀하시는 분들도 있는데, 그 이유는 수술한다고 해서 모두 예뻐지는 것은 아니기 때문입니다. 미리 성형외과에서 성형 이후의 모습을 보여주기는 합니다만, 처음 접하게 되면 스스로가 어색할 수 있습니다. 턱을 깎거나 양악을 하더라도, 1년 정도는 지나야 자연스런 모습이 되는 것 같다고 합니다. 성형외과 의사분들의 말씀으로는 자기만족이 가장 크기 때문에, 성형 후 자신이 만족하면 성공이라고 하십니다. 하지만 성형에 대한 남자들의 생각은 조금 다릅니다. 여자 연예인의 경우, 모르긴 해도 성형 안 한 사람이 없다는 인식이 있습니다만, 누구는 예쁘고 또 다른 누구는 예쁘지 않다거나, 성형 괴물이라는 표현을 쓰기도 합니다. 많은 남자들이 여자의 성형에 대해 갖고 있는 생각은 성형 티가 나지 않고 자연스러워야 한다는 의견이 많습니다. 그래서인지 밖으로 보이지 않는 가슴 성형이나 보정에 대해서는 관대한 것 같기도 합니다. 이런 남자들을 탓하지만 맙시다.

남자들도 외모로 고민하며 요즘은 성형도 많이 합니다. 특히 20대에는 모를 수 있지만, 빠르면 5년에서 10년 내 탈모를 걱정할 것입니다. 점점 20대 남자들에게서도 탈모가 보이기 시작하는데, 이건 답이 나오질 않습니다. 아직까지 의학적으로 해결되지 않고 있어서, 성형 고민과 견줄 수 없을 정도입니다. 여성분도 탈모가 시작되었다고 판단되면 빨리 병원에 가시는 게 답입니다. 만약 여성분께서 미용 목적으로 성형에 대한 생각을 갖고 있다면, 최대한 늦추어보시는 게 좋겠습니다. 한 번 의학의 힘을 빌려 성형 및 주사를 맞기 시작하면 돌이킬 수가 없고, 마음에 안 들면 중독처럼 계속 하는 경우도 생길 수 있기에 신중하셔야 합니다.

20대 중반까지 성장을 할 수도 있고, 아기살이라는 것이 덜 빠져서 얼굴이 통통해보일 수도 있으니, 최대한 다이어트와 운동을 병행하며, 경락이나 마사지 등도 받아보시길 바랍니다. 그동안 어느 부위를 잘한다고 하는 병원의 후기와 가격을 알아보고 이곳저곳 상담도 받아보면서 정보를 쌓아두시는 것도 좋습니다. 의학이라는 것은 시간이 지날수록 치료법 등이 계속 좋아지니까요. 외모 때문에 생기는 문제나 콤플렉스가 있고, 연애가 어려울 정도라면, 졸업 및 취업준비 시기에 진지하게 생각해보시길 바랍니다.

 팁 **최대한 늦추고, 최후의 보루로 생각하시길!**

RULE 10: 알바커플

직장인 듯 직장 아닌 직장인 같은 너!

　대학생활을 하면서 아르바이트는 누구나 한 번쯤 해보는 것 같습니다. 자체적으로 조사해보니 최대 수익을 가져다주는 것은 과외였습니다. 잠깐 과외나 학원 강사로 일한다고 시작했는데, 수익에 취해 전문 강사가 되는 분들도 많습니다. 가장 선호하는 것은 관공서의 단기 알바입니다. 공무원이 대세인 요즘 관공서 업무도 경험해보고 일의 강도에 비해 돈도 많이 받을 수 있는 곳이라서, 방학이 되면 지원자가 엄청 많습니다. 또한 경력도 쌓을 수 있는 인턴이나 전공과 관련된 것을 해보려 하는 분들도 많습니다.

　보통은 서비스 업종에서 일을 많이 하게 되는데, 여자 대학생의 경우 음식점이나 호프집의 홀 서빙과 커피 전문점에서 일해본 경험이 많았습니다. 아르바이트의 경우, 거의 매일 출근해야 하기 때문에 직장이나 마찬가지입니다. 직장에서 사내 연애는 어떻게든 피해야 하는 것이지만, 같은 대학생 싱글남녀들이 함께 일하는 곳이라면, 서로 돕고 어려운 점은 공유하다 보니, 아르바이트를 하는 상황에서 동질감으로 인해 사귈 확률이 높습니다. 내가 잘못한 일인데 대신 자기가 덮어쓰는 모습, 티가 나지 않게 살짝 도와준다거나 내가 해야 할 일인데 미리 해놓은 모습, 나도 여러 번 해도 잘 안 되는 것을 쉽게 척척 해결하는 모습을 보면 심쿵할 수밖에 없습니다.

일이 끝나고 가끔 함께 하는 회식이라고 하는 술자리도 꽤나 재미있습니다. 일에 대한 것이나 오늘 손님과 있었던 일 등을 공유하며 수다 삼매경에 빠지기도 합니다. 이 맛에 아르바이트를 한다는 친구가 있을 정도입니다. 또한 타 학교 타 학과, 학생들과 함께 일하면 다양한 정보도 얻을 수 있습니다. 학교생활이나 힘든 점을 얘기하기도 하고, 사장님 욕도 하면서 친해지게 됩니다.

유의할 점은, 저녁시간에 일하는 아르바이트의 경우 끝나고 술자리를 많이 갖게 됩니다. 자연스레 스킨십과 함께 진행되는 연애로 바로 넘어가는 경우도 많아 유의하시는 게 좋습니다. 아르바이트 또한 직장이나 마찬가지이기 때문에 사내 연애를 좋아하는 사장님은 없습니다. 또한 내가 찜한 오빠에게 꼬리치는 경쟁자가 있을 수도 있습니다. 같이 일하는 동료일 수도 있고, 여자손님 중의 한 명일 수도 있습니다.

아르바이트에서 만나게 된 남자친구와는 기한이 끝나고 나서 관계가 애매해지는 경우도 생깁니다. 사귀는 것만큼이나 남자가 일을 그만두면서 자연스럽게 이별을 맞게 되는 경우도 많습니다. 서로 계속 일하는 것이 아니라, 한 명은 복학하고 다른 분은 남는다거나 어학연수 전에 잠깐 일을 한다거나 군대 가기 전에 하고 있는 경우도 있으니, 사귀기 전에 앞으로의 상황도 한 번 점검한 후 시작하셔도 늦지 않습니다.

팁 자연스럽게 스며들고 자연스레 빠져나간다!

2장
언니들의 조언
대외 활동

RULE 01: 스킨십 정보

야동 야설 얘기도 많이 해봐라!

직장인이 되면 사회적 체면이 있기에 성에 관한 대화는 나누기 어렵고, 아무리 친한 친구라고 해도 스킨십 경험이 없거나 적다는 것을 말해서, 친구를 높이고 나를 낮추는 상황을 굳이 연출하고 싶지는 않을 것입니다.

요즘은 여자 대학생들끼리 성에 관련된 얘기도 많이 나눕니다. 잠자리 경험이 없는 여학생의 경우 그 경험이 어떤지 궁금하기에 경험 있는 친구의 얘기가 듣고 싶습니다. 얼마 전까지 남자친구가 없던 여사친이 남자친구가 생기면 스킨십 진도에 대해서 물어보게 되고, 키스는 해봤는지, 어떤 느낌인지, 이러쿵저러쿵 별의별 것이 다 궁금해질 겁니다. 잠자리까지 진도가 나갔다고 하면 무슨 영웅담처럼 들리기도 하며, 여러 친구가 모여서 자신들의 오빠 얘기를 꺼내기 시작하면 귀가 쫑긋해지기도 합니다. 성인이 된 지 얼마 안되고 남자친구를 사귀어본 경험도 적거나 없는 여자 대학생들끼리는 스킨십에 대한 정보 공유를 서슴지 않고 많이 할 수 있습니다.

하지만 직장인이 되면 스킨십에 관한 얘기를 먼저 꺼내기가 쉽지 않습니다. 솔직하게 친구한테 말했다가 "아직 안 해봤어? 그동안 뭐했어?"라는 핀잔 아닌 답변이 돌아올 때 민망하기도 하고 괜히 자존심만 상할 수 있습니다. 스킨십 진도를 늦게 경험하는 여성들도 너무 많습니다만, 만약 이런 주제의 대화가 나올 경우, 실제 경험이 없어도 가십거리로 보고 주워들은 것들이 있어 다 아는 척하고 그냥 넘어가곤 합니다.

공부하는 것도 노는 것도 다 때가 있다고 합니다. 스킨십에 대한 정보는 대학생 신분에 있을 때 마스터하는 것이 좋다는 의견입니다. 로맨틱 드라마나 영화의 키스나 섹스 장면에 그치지 말고, 오직 섹스 장면을 보여주기 위해 만들어진 야한 동영상을 몇 편 보실 것을 권장합니다. 당신이 생각하는 멋진 모습의 이상형 남자와 사귀고 있는 남자친구도 거의 매일 야한 동영상을 접하고 있을 것입니다. 남자들이 원하는 스킨십은 로맨틱 드라마나 영화가 아닌, 야한 동영상에서 이루어지는 섹스입니다. 남자들이 거의 하루도 안 빠지고 본다는 영상이 어떤 것인지 궁금하지 않으신가요? 그들이 갖고 있는 생각과 성적 판타지가 무엇인지 알고 익숙해질 필요가 있습니다. 이미 많은 여성분들이 알고 있고, 연애를 잘하는 분들은 역으로 활용도 합니다.

직장인 여성이라고 하면 남자들 입장에서는 잠자리 경험은 당연히 해봤고 어느 정도 섹스를 즐길 수 있는 정도라고 생각합니다. 직장인 여성들이 남자친구와 스킨십에 대한 진도와 생각의 차이로 인해 헤어지는 경우가 많습니다. 어디 가서 부끄럽고 체면이 깎인다는 생각에 솔직하게 털어놓고 얘기할 사람도 거의 없습니다. 성인을 위한 성교육도 필요해보이며, 대학생일 때 스킨십에 대한 정보를 많이 공유하고, 아는 것은 연애를 잘하는 데 확실히 우위를 점할 수 있습니다.

팁 스킨십에 대한 정보는 대학생 때 마스터하는 걸로!

대부분 헤어진다! 많이 만나봐라!

교제는 친하게 지내기는 하되 섹스가 없는 것이고, 연애는 육체적인 사랑 위에 형성되는 것이라고 말씀드렸습니다. 20대 남성에게 섹스 없는 연애는 생각하기도 싫은 것이기에, 여학생 입장에서도 연애를 하게 되면 섹스를 고려하지 않을 수 없을 것입니다. 대한민국의 남녀가 결혼하기 전까지 평균 연애 횟수가 4회라는 통계수치가 있습니다. 물론 양적인 것보다 질적인 연애를 고려하여 한 명을 오래 만나는 것도 좋습니다만, 여성의 경우 대학생활 동안 한 명하고만 연애를 하고 헤어져버리면 남성에 비해 데미지가 있을 수 있습니다. 회복되기 어렵고 바로 직장생활을 코앞에 두거나 이어지기 때문에, 그다음 연애의 시작이 많이 힘들어질 수 있습니다.

자체적으로 조사해본 결과, 여대생들은 연애를 하게 되면 남자친구가 최상위 개념이 되는 경우가 많고, 최대한 맞추어 주려는 경향이 있으며, 세상이 남자친구 중심으로 돌아가는 경우를 많이 볼 수 있었습니다. 남학생은 연애를 해도 야심이라는 남자의 특성이 있어 다른 것들도 보이는 반면, 여학생은 친구까지 멀리하며 남자친구에게만 집중하는 경우를 많이 보입니다. 헤어지고 나면 세상물정에 뒤처지는 경우도 생길 수 있고, 많은 부분을 다시 시작해야 하는 상황이 생기기도 합니다.

대학생들끼리 교제가 시작되고, 연애가 되어 열애로 이어져 결혼하는 커플도 있습니다만, 확률적으로 매우 드문 경우입니다. 한마디로 대학생 연애의 끝은 이별이라고 봐도 좋습니다. 연애를 하고 있을 때는 행복함과 동시에 영원할 것 같은 생각이 들기도 하지만, 현실적인 부분과 동시에 여러 가지 뜻하지 않은 상황이 발생하고, 서로 맞지 않아 이별에 이르게 되는 경우가 생깁니다. 교제를 하고 헤어짐은 쿨하지만, 연애를 하고 이별을 할 때는 많이 힘들 수 있습니다. 그것도 처음 하는 이별이라면 꽤나 어렵고 고통스러울 수도 있습니다. 그래서 연애에 자신이 없고 감당할 수 없다는 생각이 들면, 남자가 조금 익숙해질 때까지 섹스를 하지 않는 교제 선에서 많이 만나보시는 것도 권장하여 드립니다.

물론 교제하면서 진심이 느껴지고 서로 호감이 더 많아지면, 연애의 단계로 자연스레 이어질 것입니다. 요즘 대학생들은 SNS로 하는 소통에 익숙해져 있기에, 남녀 간에 직접 만나 대화를 하면서 감정을 전달하는 것에 서툰 사람들이 많습니다. 그래서 많은 남학생들과 만나보고, 남자의 사고방식과 소통에 익숙해지는 것이 먼저입니다. 대학생들에게 연애는 누구나 처음일 수 있고 서툴 수 있기에, 교제를 통해 연애를 준비하고, 상대방을 배려하는 방법도 알아가며, 거절에 대한 매너도 익히고, 이별에 대한 마음가짐도 단련할 수 있어야 하겠습니다.

조금 권장하는 방법이라면, 학과 동기보다는 선배, 같은 학과보다는 다른 학과 학생, 또 그보다는 타 학교 학생과의 교제를 해보시길 바랍니다. 타 학교와 학과에 대한 많은 정보도 덤으로 알 수 있어서 견문을 넓히는 데 도움도 될 것입니다. 조금 더 나아가 커플 매니저의 시각에서 한 말씀드리자면, 추후에 결혼정보 시장에서 비용을 많이 내더라도, 보기 어렵다는 의대, 치대, 약대, 한의대 학생도 가능하다면 만나보시길 바랍니다. 최소한 나보다 수능 점수가 높은 대학교 학생을 타깃으로 삼는다고 해서 속물로 보이는 것이 아니라, 타 학교 캠퍼스에서 데이트를 하면서 자극도 받고 배울 점은 배우시는 것도 좋습니다.

 팁 직장인이 되어 경험하기엔 늦을 수 있으니 많이 만나봐라!

군중심리는 진심이 아닐 수 있다!

　남자들은 술자리에서 무언의 약속이 이루어지기도 합니다. 그중 학년이 제일 높은 선배, 술값을 계산하는 사람이라면 더더욱 밀어주기로 가는 경우가 많습니다. 평소에 호감 가는 사람이 있다는 것을 주위 친구들이 알고 있거나, 술자리 분위기로 봐서 A라는 남자가 B라는 여자를 마음에 들어 한다는 것을 기가 막히게 알아차립니다. 이상하게도 남자들은 자신들한테 무슨 이익이 있는 것도 아닌데 서로 잘되게 만들어 주려고 부단히 노력합니다. 그리고 이어서 "사귀어라! 사귀어라!" 외쳐대다 보면, 어느새 자신의 의지와 상관없이 오늘부터 1일이 되어 버리는 경우도 많습니다. 분위기를 깨기 어려워 일단 넘어가자는 식으로라도 허락하는 경우가 있는데, 추후 더 곤란해지는 상황이 발생할 수 있으니, 즉답은 피하시길 바랍니다. 왜냐하면 상대 남성 입장에서는 진지해질 수도 있고, 손해보는 장사가 아니라서 적극적으로 변할 수 있습니다. 여자분 입장에서 술자리에서 사귀자고 했던 남성분에게 전혀 마음이 없어 진행되기를 원하지 않는다면, 다음날 확인해서 술자리에서 장난으로 그런 거라고 본인 의사를 반드시 전달하시고, 서둘러 매듭짓는 게 좋습니다.

　요즘은 단체 미팅이라는 것이 특별함이나 설레는 것도 없고, 모르는 사람들과 술 마시는 자리가 되어버렸습니다. 술에서 시작해서 술로 끝나는 자리입니다. 술을 마시기 위한 게임이 시작되고, 어느 정도 알딸딸해지면 끝은 결국 '왕 게임'입니다. 싱글 남녀가 만났고 술과 스킨십 벌칙이 난무하면 재미는 있습니다.

다음날 서로 마음에 드는 사람이 있으면 주선자에게 물어보고 연락처를 받는 정도입니다. 여성분 입장에서 남성분에게 호감이 있었거나 스킨십 진도에 익숙하지 않은 여성분의 경우, 벌칙으로 조금 진한 스킨십 장면 연출이나 키스를 하게 되면, 나에게 호감이 있다고 믿거나 감정이 없이는 도저히 할 수 없는 것이라고 생각하는 여자분들도 있습니다. 하지만 다음에 남자분은 그냥 게임 벌칙이었다고 말하면, "사람 마음 갖고 장난치지 마" 하면서 남성분에게 엄포를 놓는 분도 있습니다.

군중심리가 적용되는 술자리, 벌칙까지 더해지는 자리에서는 남녀 모두 자신의 의지와 상관없는 말과 행동을 할 수 있습니다. 이때 한 쪽만 호감이 생기게 되면 추후 문제가 될 수 있고, 진짜라고 믿고 싶은 마음이 있기에 감정 없는 고백으로 사귀는 사이가 되어버리거나 스킨십 진도가 나가버릴 수 있습니다. 분위기상 그렇게 진행되더라도 물 흐르듯 장단 정도만 맞추시길 바라며, 호감이 생기더라도 다음날 확인을 통해 정확한 의사를 물어보는 것이 좋습니다.

 술자리의 군중심리를 빌린 고백은 반드시 확인하라!

차였을 때, 나만 모르는 이야기!

대학에 진학하고 나면 여드름 치료에 집중하는 분들도 많은데, 좋은 자세입니다. 20대의 대학생이라 피부가 탱탱하고 촉촉한 분들이 많으실 텐데, 지금부터 관리를 꾸준히 해주셔야 합니다. 피부가 좋은 3040대 여성분들께 물어보면, 유지 비결이 20대부터 좋은 화장품을 써오셨다는 분들이 많습니다. 비용에 부담이 되는 것은 사실이지만, 백화점 브랜드의 좋은 화장품을 일찍 쓰시는 것도 좋은 방법입니다. 의학과 과학의 힘을 빌리면 된다고 주장하는 분들도 있으실 텐데, 비용적으로도 좋은 화장품을 오래 쓰는 게 더 저렴하다고 합니다. 또한 미용의 목적으로 한 번 의학의 힘을 빌리기 시작하면 계속 해주어야 하기 때문에, 최대한 마지막 보루로 남겨두라고 30대의 인생 선배들은 하나같이 입을 모읍니다.

점을 뺀다거나 주근깨 등의 간단한 피부 문제는 의학으로 해결하시는 것도 좋습니다. 20대 대학생이라면 화장을 못 하는 건 괜찮지만, 선크림 이용은 필수이고, 화장 후 반드시 지우는 것이 더 중요하다는 것을 명심하시길 바랍니다. 20대라도 취업을 하고 나면 매일같이 화장을 하고, 하루에도 몇 번씩 화장을 고쳐야 할 일이 생기기에, 자신만의 빠른 화장법과 지우는 법을 아는 것도 중요하겠습니다.

주름의 경우 20대분들은 지금 괜찮다고 해서 신경 쓰지 않고 심각하지 않다 보니, 자신도 잘 모르는 경우가 많습니다. 셀카를 찍거나 거울을 대할 때도 얼굴 근육을 사용하지 않은 채 고정된 자세로 보기 때문입니다. 연기자들을 보면 어린나이인데도 미간, 눈 주변, 팔자 주름이 많은 것을 볼 수 있습니다. 시청자들에게 감정을 잘 전달하기 위해 얼굴 표정으로 보여주어야 하기에 얼굴 근육을 많이 쓰기 때문입니다. 하지만 그들은 워낙 관리도 많이 받기에 우리가 걱정할 바는 아닙니다.

20대 여성분들 중에서도 웃거나 빵 터질 때 하회탈 표정이 된다거나, 감정 표현 시 얼굴 근육을 많이 쓰시는 분들은 순간 얼굴에 주름이 많이 생깁니다. 주위에 친한 친구나 사귀는 관계로 발전되지 않을 남자분께 한 번 정확하게 관찰해달라고 얘기해서 점검해보시길 바랍니다. 고객만족을 위한 서비스 업종에 종사한다면 하회탈 웃음이 최고라고 말합니다만, 남자친구를 사귀는 데 있어서는 오히려 마이너스입니다. 지금부터는 꾸준한 관리를 위해서 얼굴표정을 많이 찡그리거나 웃을 때도 신경 써서 웃는 것이 좋습니다. 잘 때도 옆으로 눕지 말고 정자세로 자고, 커피나 음료를 마실 때 빨대는 금물입니다.

20대인데 목주름과 눈가 주름이 있다면, 지금부터 많은 노력이 필요합니다. 은근히 여성분의 얼굴은 예쁜데 피부와 주름으로 인해 남자들이 최종 선택을 하지 않는 경우가 꽤 많습니다. 또한 잠자리 관계 시 당신의 얼굴을 가장 가까이서 모공까지 관찰할 수 있는데, 관계 이후 확 깬다는 남성분들도 많습니다. 어디 가서 말하기도 그렇고 말할 상대도 없어, 여성분들이 이 정보에 대해 정말 잘 모르고 있는 경우가 많습니다. 말없이 당신과의 관계가 소홀해지거나 멀어지는 경우, 잠자리 이후 잠수 타는 상황도 여성의 피부와 주름으로 인한 부분이 실로 많이 차지하고 있습니다. 20대라고 안심하지 말고, 꾸준한 관리가 필요합니다.

 팁 예뻐지는 것보다 더 어려운 것이 피부와 주름 관리!

RULE 05: 남자의 로망

백마를 타고 싶은 남자!

20대 남자들에게는 꼭 한 번 만나보고 싶은 여성 군이 있습니다. 5대 로망이라고도 하는데, 바로 무용과(발레 전공), 항공운항과(스튜어디스), 비서학과(비서), 방송 연예과(미인대회 출신), 백마(백인 여성)입니다. 연애라는 관점에서만 보면, 여성분이 키 크고 훈훈한 이미지에 서울시내 중상위권 대학 이상의, 이름 들어본 회사에 다니는 능력 있는 남자를 만나보고 싶어 하는 것과 같이, 남자이니까 한 번쯤 꿈꾸어볼 수 있습니다.

보통 무용과는 예체능대 소속으로, 오리엔테이션이나 모꼬지에 체육학과가 함께하다 보니 타 학과 학생들이 많이 안타까워 합니다. 그다음 더 이상 말이 필요 없는 스튜어디스를 한 번쯤 만나고 싶어 하는 남자들이 많고, 비서라는 직업도 선호하는데, 투피스 차림을 하고 있는 오피스레이디의 정석이라고 생각합니다. 좋아하는 여자 아이돌에서 시작하여, 남자 대학생이라면 방송 연예과나, 남자 직장인이라면 미인대회 출신의 여성을 만나고 싶어 하는 로망이 있습니다.

어학연수나 유학, 카투사에서 군 복무를 하게 되거나 영어회화를 잘하는 남자라면, 한 번쯤 외국인 여성과의 만남을 갖고 싶어 합니다. 긍정적인 측면으로 외국인 이성 친구를 사귀면, 확실히 어학 실력이 높아지는 것은 사실인 것 같습니다. 물론 외국인 여성과 결혼까지 생각하지 않고, 연애만을 위해 만남을 하는 20대 남자들이 많습니다. 여성분이 백마 탄 왕자님을 만나고 싶어 하듯 남자는 백마를 타고(백인 여성과의 잠자리) 싶어 합니다. 요즘은 이태원 클럽이나 술 마시다가 만난 관계가 아니라 어학당이 있는 대학교와 관련 어학 스터디에서 단체로 친해졌다가 고백하면, 쉽게 외국인 여성을 사귈 수 있다고 합니다. 외국인 여성도 한국어를 더 잘 배우기 위해서, 또 타지에서 외로운 데다 신분이 확인된 대학생이라는 점, 다른 나라에 비해 친절한 대한민국 남자에게 더 끌린다고 합니다. 외국 여성분들은 리액션도 커서, 사귀어본 남성들의 말을 빌리면, 감정표현이 솔직하고 좋다 싫다가 명확하여, 질질 끌거나 밀당을 하지 않아 한국 여성보다 더 편하다는 분들도 많습니다.

영어회화를 잘하는 몇몇 남성들은 외국인들과도 소통이 가능하기에 외향적인 성향이 많고, 사람들과 잘 어울리며, 커뮤니케이션에 능숙하다는 장점이 있습니다. 하지만 술 취하고 영어로 주정부리는 꼴사나운 남녀는 주먹다짐을 부르기도 합니다. 진짜 영어 고수들은 필요할 때만 자연스레 나오고, 회화만이 아니라 토익 점수도 높습니다. 영어회화를 잘하고 키가 크며 자신이 꽤 괜찮다고 생각하는 20대 남자 중에 외국인 여자사람친구가 있고 클럽을 좋아하는 남자에게 호감을 가지면, 복잡하고 피곤한 일이 많아질 수도 있습니다.

 외국인만 만나다 보면 취향도 변하더라!

동아리와 청년부에서 해결하라!

모태신앙을 갖고 있는 분이라면 나중에 결혼도 같은 종교를 가진 남성분을 원하실 겁니다. 천주교는 크게 상관이 없는 것 같고, 불교의 경우 하다하다 안 되면 스님께서 주선 및 답을 주시는 경우도 있습니다. 기독교는 조금 다른 것 같아 중심적으로 말씀드리도록 하겠습니다.

아직은 대학생이라 결혼이 크게 와 닿지 않을 수 있습니다만, 직장인이 되어 같은 기독교를 가진 남성을 만나기는 굉장히 어렵습니다. "종교만 같으면 만나볼 수 있나요?" 그렇지 않고, 다른 조건들도 더해져야 하기 때문에 주선업체를 가시더라도 너무 어려울 수 있습니다. 하지만 학창시절에는 만날 수 있는 사람도 많아 유리합니다. 불교재단인 동국대학교를 제외한 모든 대학교 내에 기독교 관련 동아리가 최소 2개 이상은 있습니다. 대표적으로 CCC, IVF를 필두로 그 외 기독교 관련 동아리가 많아 가입하여 활동하신다면, 종교도 같고 멋진 남자친구를 만나실 수 있으실 겁니다. 선교나 봉사활동, 예배 모임 등으로 함께하는 시간도 많고, 자연스레 같이 있는 시간 및 학업이나 진로에 대한 질문, 고민상담 등을 통해 둘만의 시간을 만들기도 쉬울 겁니다. 또한 학생 때는 종교가 없다가도 유입되어 들어오거나 군대에서 종교를 갖고 제대 후 복학하는 남성분도 있어, 만날 수 있는 사람도 확률적으로 늘어날 수 있습니다.

교내에 마음에 드는 사람이 없다면, 연합으로 활동도 많이 하기에 타 학교 사람을 만날 수도 있습니다. 또한 교회 내에서도 청년부는 대학생들을 중심으로 활동하기 때문에, 흔히 우리가 알고 있는 멋진 '교회오빠'들이 남아 있을 수 있습니다. 만약 내가 다니는 교회에 마음에 드는 사람이 없다면 다른 교회도 나가보시고, 짝을 찾는 것에 조금 욕심을 내서도 좋습니다. 은총이 충만하신 분께서도 이해해주실 겁니다.

학창시절에 선교나 봉사활동으로 때를 놓치고 짝을 만나지 못한 채 직장인이 되면, 사람 만나기도 힘든데 같은 종교인을 만나기는 더더욱 어렵습니다. 취업 후 직장에 적응하는 시간도 있고, 바빠서 시간이 흘러가다 보면, 대학 다닐 때처럼 기독교 동아리도 없고, 청년부 활동을 하기에도 나이가 많아 힘들며, 교회를 다른 곳으로 옮기기는 더 힘들 것입니다. 더 큰 문제는 내가 다니는 교회에 멋진 교회오빠가 없다는 사실이 당신을 슬프게 할 수 있습니다. 또한 마음에 드는 남자가 있더라도 이미 임자가 있는 몸일 수도 있습니다. 남자친구도 종교를 가진 사람을 원한다면, 확실히 학생 때가 유리합니다.

> **팁** 선교나 봉사활동은 결혼 후에도 가능하다!

RULE 07: 연애 가치관

나랑 잘 맞는지 행복의 기준 확인!

'서로 안 맞아서 헤어졌다'라는 얘기를 주위에서 많이 들어보셨을 겁니다. 여러분들도 이별하게 되어 주위에서 왜 헤어졌냐고 물어본다면, 보통 같은 대답을 하거나 성격이 잘 맞지 않아서라고 말씀하실 겁니다.

그럼 '서로 맞지 않는다'라는 것은 뭘까요? 바로 가치관이 다르다는 겁니다. '연애 가치관'이란 연애를 하면서 내가 행복하다고 느끼는 감정의 기준이 되는 것입니다. 쉬운 예로 남자친구가 횡단보도를 남들이 보지 않을 때 건너도 되는 것에 동의를 하면 가치관이 맞는다고 할 수 있고, 여성분께서 무단횡단은 '절대 안 돼'라고 생각하시면 서로 삶의 가치관이 맞지 않다고 봅니다. 첫 만남에 키스가 가능한 남성과 그건 절대 안 된다는 입장의 여성이라면, 연애 가치관이 맞지 않는 것이지요.

연애를 많이 해보신 분이나 30대 직장인 정도가 되면, 본능적으로 느꼈던 경험으로 계속 만나봐야 할지, 이쯤에서 그만 만나야 할지 바로 판단되기도 합니다. 하지만 20대 초반의 여자 대학생의 경우, 호감을 갖는 요소가 한두 가지만 있어도 사귈 수 있기 때문에, 연애 가치관이 종합적이지 않아 판단의 기준이 잘 서지 않을 수 있습니다. 예를 들어 호감이 가는 큰 요소 중에 키가 크다는 이유로 사귀었는데, 교제를 해나가면서 점점 좋지 않은 점들이 보이고, 잘 맞지 않아서 헤어지는 경우가 생길 수 있습니다. 이런 경험들이 더해지면서 내가 행복하다고 느끼는 호감 요소들이 종합적으로 생겨납니다.

문제는 교제 정도의 만남에서 끝나는 것이 아니라, 연애 가치관이 확립되지 않은 상황에서 잠자리 스킨십이 진행된 이후, 얼마 지나지 않아 남녀 둘 중 한 사람이 잘 맞지 않는다는 생각이 들 수도 있습니다. 스킨십 진도에 있어서나 잠자리 관계에서는 서로의 행복함에 대한 가치관이 다를 경우, 얘기를 하기도 어렵거니와, 서로 이런 부분에 대해 대화를 한다고 해서 더 나아지거나 달라지기가 어렵습니다.

30대 직장인 싱글 여성 입장에서는 조건적인 부분을 너무 생각해서 만남이 어려운 점이 있습니다. 반면 20대 초중반의 여자 대학생분들은 호감이 가면 너무 빨리 스킨십 진도가 나가는 것이 문제가 될 수도 있습니다. 20대 직장인 여성들은 연애 경험에 따라 다르기는 하지만, 마음 가는 대로 감정적으로만 판단해서 문제가 될 수도 있는 것 같습니다. 내가 좋아하는 것을 확실히 알기 위한 방법이라면, 종이를 한 장 꺼내서 남자친구나 호감 가는 남자의 장점을 써보시는 겁니다. 감정은 최대한 배제하고 '내가 이 남자를 좋아하는 이유'를 객관적으로 세세하게 써보시길 바랍니다. 그리고 나서 '나는 어떻게 해주면 행복한지'도 기재해보시길 바랍니다.

또한 스킨십 진도에 대해서도 구체적으로 적어보시길 바랍니다. 사귄 지 며칠이 지나면 손을 잡을 수 있고, 키스를 할 수 있으며, 어떤 관문을 만들어 통과하면 잠자리도 가질 수 있는지 종이에 써보시길 바랍니다. 막상 종이에 적으려고 하면 쉽지만은 않을 것입니다. 마냥 마음이 가는 대로 생각만 하는 것과는 다를 수 있습니다. 한 번 적어보시면 추후에 남자분에 대한 나의 마음을 확인할 수 있고, 스킨십을 진행하려고 해도 스스로의 기준이 있기에 적당한 시기인지, 진도가 빠른지 판단이 설 수 있습니다. 내 마음을 적어봄으로써 연애를 하면서 행복해지는 나만의 기준과 나에 대해 좀 더 정확히 알 수 있습니다.

팁 내 연애가 행복해지는 연애 가치관을 적어본다!

RULE 08: 영어 학원

토익은 스터디, 회화가 유리하다!

대학생의 스펙 중에 가장 중요한 것 중 하나가 바로 영어라는 사실은 누구나 알고 있을 겁니다. 여기서는 영어점수를 올리거나 공부 방법에 대한 부분이 아니라, 연애라는 관점에서만 말씀드리겠습니다. 먼저 영어학원들이 동네가 아닌 중심가에 있기 때문에 막 입고 갈 수도 없고, 최소한의 옷차림과 화장은 하고 가야 할 겁니다. 이때 꽤나 멋을 부리고 오는 남녀들도 있습니다. 시선을 받고 싶다면, 늘 같은 시간의 수업에 같은 자리에 앉아 있으실 것을 권장하여 드립니다. 또한 혼자 학원을 다녀야 하며, 의자들이 붙어 있는 중간 자리나 구석 자리는 피하고, 학원 강사가 이동하는 가운데 통로 쪽에 앉는 것이 좋습니다. 라인은 앞에서 3~5번째 정도면 좋습니다. 누구나 당신의 뒷모습을 볼 수밖에 없고, 통로에 있어야 남자가 당신한테 접근이나 쪽지를 남기는 것이 쉽습니다. 또한 당신이 자연스레 수업을 마치고 먼저 나가야 뒤를 쫓아가기 용이합니다. 학원에서 토익 수업을 듣다 보면, 조교하시는 분이 스터디할 사람을 조사해서 조를 정해줍니다. 조교하시는 분의 센스에 따라 성비와 나이를 조정해줍니다. 조를 바꾸고 싶거나 함께하고 싶은 남성이 있다면 조교에게 살짝 언급하면 됩니다. 눈치 없는 조교는 이유를 묻거나 절대 안 된다는 사람도 있으나, 웬만하면 바꾸어줄 겁니다.

영어학원의 목적은 말 그대로 영어공부이기 때문에, 출석만 하더라도 놀러 온다거나 연애를 하러 간다는 생각은 들지 않습니다. 즉 자연스럽게 그렇게 된 것일 뿐 죄책감 들 필요 없이, 수업 끝나고 데이트하러 갈 수 있는 것이 합리화됩니다. 서로 사귀기 전까지 잘 보이기 위해 공부를 더 열심히 하게 만드는 긍정적인 효과도 있을 것입니다. 스터디를 하게 되면 자연스레 연락처가 교환되고, 어느 학교, 무슨 과, 몇 년생, 몇 학번 같은 프로필이 공개 및 교환됩니다. 스터디에서는 공부를 열심히 하기 위한 목적으로 벌칙이라는 것을 정하게 됩니다. 영어 단어 하나에 얼마씩이라는 벌금을 가장 많이 정하는 것 같은데, 일주일이나 한 달이라는 시간이 지나면 벌금도 쓸 겸 뒤풀이를 하게 됩니다. 그때 술자리를 하면서 더 친해지는 경우도 있습니다.

이때 호감을 가진 남성은 술자리에서 챙겨준다거나 기회를 엿보다가, 감정이 있으면 고백하기도 합니다. 남자 입장에서도 공부를 핑계로 접근하기가 쉬운데, 괜히 스터디 핑계나 모르는 부분들에 관한 질문을 하면서 이런저런 다른 얘기로 흘러가는 경우를 만들게 됩니다. 여성분 입장에서도 역으로 이용할 수 있는 고전적인 방법입니다. 회화수업의 경우, 서로 짝을 정해주면서 대화를 시키는 연습을 하게 되는데 'What is your name?', 'How old are you?' 등 기본 프로필 물어보는 게 가장 익숙하기에 술술 털어낼 수 있습니다. 여자친구 유무도 한 방에 알 수 있을 것입니다. 또한 원형으로 앉아 진행되는 회화수업도 많기에, 특히 옷차림을 조금 더 신경 쓰면 더 좋은 결과가 있으실 거라 봅니다. 토익 스피킹이나 오픽은 바로 점수 올리는 것이 필요한 분들이고, 토플 또한 명확한 목표가 있어 준비하는 시험이다 보니, 상대적으로 확률이 낮을 수 있습니다.

 팁 영어학원 주위는 데이트하고 놀기 좋은 중심가!

바로 취업, 남자친구는 욕심내자!

성인이 되면서 고등학교 졸업 후 바로 취업을 할 수도 있고, 2, 3년제나 4년제 대학교로 진학을 할 수도 있습니다. 고등학교 졸업 이후 취업하신 분들은 또래가 누릴 수 있는 연애가 어려울 수도 있습니다. 생각보다 강한 대학교라는 울타리 내로 들어갈 용기도 나지 않고, 만나기도 힘이 들 수 있습니다. 그들도 처음 경험해보는 대학문화에 틈이 없어 보입니다. 바로 직장인을 만나 연애를 해야 하기에 아무것도 모르는 상황에서 남자와 사귀게 된다면, 교제라는 단계를 뛰어넘어 바로연애라는 상황에 직면할 수도 있습니다. 여기에 해당되시는 분들은 이왕 학업보다 노동의 대가를 선택한 만큼 업무에 능숙해짐이 먼저일 것 같습니다. 나이에 대한 성급함은 전혀 없기에 조금 천천히 남자를 만나보셔도 좋겠습니다.

추천드리는 방법은 직장인보다는 전문대 학생, 그보다는 4년제 대학생을 먼저 만나보시길 바랍니다. 어려워하지 말고 편한 마음으로 노력한다면, 주위의 친구나 지인을 통해 남자 대학생을 만나는 것은 크게 어렵지 않을 것입니다. 대학 캠퍼스 구경도 하면서 추후에 진학의 꿈을 키워보는 것도 괜찮습니다. 남자 대학생 입장에서는 경제력이 있는 여자친구가 굉장히 매력적으로 다가올 수 있습니다. 데이트 비용도 여자가 많이 내게 되는 점도 어필될 수 있어서인지, 직장인 여자와 남자 대학생의 연상연하 커플이 많은 이유이기도 합니다. 이 시기를 놓치면 앞으로 또래의 남자 대학생과의 풋풋한 교제는 어려울 수 있으니, 꼭 한 번 도전해보시길 바랍니다.

2, 3년제 대학에 입학하신 분이라면 학교생활이 꽤나 타이트할 겁니다. 바로 '취업이냐 진학이냐'를 준비해야 하기에 2, 3년이라는 시간이 짧게 느껴질 겁니다. 또한 4년제 대학의 학부에서 2학년 때 학과를 선택하고 나뉘는 것과 달리, 학과라는 게 무색할 정도로 반으로 운영되는 경우가 많아, 거의 중고등학교와 비슷한 생활과 시간표일 수 있습니다. 교양수업이 적고 전공수업이 많은 데다 마지막 1년은 취업을 위한 실습이나 졸업 작품이라는 것을 준비해야 하기에, 남자친구를 사귀는 것이 쉽지 않을 수 있습니다. 그래서인지 2, 3년제 대학의 경우 같은 학과 내에서 사귀는 커플이 꽤 많습니다.

마찬가지로 눈을 조금만 더 돌려서 4년제 대학을 겨냥해보시는 것이 좋습니다. 소름끼칠 정도로 외적 이미지가 모나지만 않는다면, 누구나 가능합니다. 대학생 관련 커뮤니티가 워낙 크고 잘되어 있기에 이용해보시기를 권장합니다. 영어나 중국어 같은 스터디나 모임도 많습니다. 또한 연합 동아리의 경우 문이 크게 열려 있기에 도전해보실 것도 추천드립니다. 자신의 개인적인 발전을 위해서 조금 자극도 받으시고, 편입을 고려해볼 수도 있습니다.

세상을 보는 선견력과 통찰력, 견문을 넓히기 위해서라도, 이제 막 성인이 되었는데 출발점이 조금 다르다고 해서 남자친구도 다를 필요가 없습니다. 인문계 고등학교가 아니어서 전문대 갔다고 끼리끼리 만날 필요가 없습니다. 만남도 때가 있습니다. 전문대 나왔다고 4년제 남자친구 만들지 말라는 법이 없는데, 오히려 대학생들 스스로가 대학입시라는 문 앞에서 기가 죽거나 벽을 만들어놓습니다. 사회에 나가면 그때 깨닫고 비싼 돈 주고 4년제 출신의 좋은 남자 만나려고 하는데, 그게 더 어렵습니다. 대학생이라는 같은 사회적인 포지션일 때 만나보시길 바랍니다. 이 시점을 놓치면 앞으로 캠퍼스에서의 만남을 두 번 다시 경험하기 어렵습니다.

팁 학생이라는 사회적 포지션이 모두 똑같다!

RULE 10: 유흥, 밤 문화

어떤 곳! 남자들이 왜 가나요!

    20대 성인 남성이라면 호기심에 한 번쯤 유흥업소를 가봤으면 하는 생각을 누구나 가질 수 있습니다. 여자친구가 있고 없고를 떠나 끓어오르는 20대 청춘 남성이라면 성에 대한 호기심이 많습니다. 단순히 유흥업소만 한 번 가보는 거라면 모르겠지만, 그 이후가 문제될 수도 있습니다. 중독성이 있어 계속 가게 되거나, 생각하고 싶지 않은 일이 실제 일어날 수도 있습니다.

    유흥업소 자체만으로 음성적이거나 나쁘다고 보기는 어렵습니다. 술을 팔고 흥겹게 놀 수 있는 곳을 유흥업소라고 합니다. 하지만 여성들이 생각하는 유흥업소는 접객부가 있는 곳입니다. 접객부는 엄연히 직업여성으로 분류되고 있습니다. 접객부가 있다 보니 당연히 남성과의 신체 접촉이 있을 거라고 생각할 수 있는데, 있을 수는 있으나 생각하시는 그런 일이 있기 쉽지 않고, 비용도 많이 든다고 합니다.

    간판으로 확인할 수 있는 바(Bar)의 경우, 말 그대로 바를 중심으로 건너편으로 마주 앉아서 술을 마시며 대화를 나누는 곳인데, 옆자리 착석을 하는 경우 꽤나 비싼 술값을 지불해야 합니다. 음성적이지는 않은데 남성들이 찾는 이유는 그녀들이 귀를 빌려주기 때문입니다. 남자도 답답하고 울분을 토해내고 싶을 때 이런저런 얘기를 하면 바에서 일하시는 여성분들은 다 받아주고 고민 상담을 들어주기도 합니다. 노래방에서 접객 도우미를 부르면 술 마시고 춤추며 노래하다 보니, 발라드 곡에 블루스를 추는 정도의 신체 접촉은 있을 수도 있겠습니다. 그러나 보통 술을 짝으로 주문해야 하고 노래방은 시간당이라는 조건이 붙어, 정확히 1시간이 지나면 접객 도우미들은 퇴장합니다. 그리고 20대를 원하면 30대 접대부 여성이 들어오기 때문에, 한 번 이용해보신 20대 남성분이라면 두 번 다시 이용하지는 않을 겁니다. 간판이 보이는 접객부를 고용하는 유흥업소의 경우는 위에 말씀드린 곳이 대표적입니다.

남자들이 유흥업소에 가는 가장 큰 이유는 경제성 때문입니다. 물론 한 번 가는 데 비용이 많이 들지만, 한 여자가 마음속에 들어와서 그녀와 사귀는 과정까지의 시간, 사귀고 나서 스킨십할 때까지의 기간과 데이트 비용을 굳이 비교하면, 유흥업소는 비용은 많이 드는 것 같아도 원하는 것을 바로 얻을 수 있다는 것입니다. 비용도 한두 번 가기 시작하면 점점 무뎌집니다. 30대의 직장인 남성 정도라면 돈 버는 것이 쉽지 않기에 허무하게 유흥을 즐기며 쓰지는 않겠지만, 20대의 연애 가치관이 올바르지 않고 유혹에 약한 남자라면, 즐기기 위해 '욜로'라는 명목하에 돈을 벌고 마음대로 쓸 수도 있을 것입니다. 여자와 밀당을 하며 그녀를 내 것으로 만드는 것에 피곤함을 느낄 수도 있다는 것입니다. 여성과의 소개팅을 할 때마다 거절당하거나 여자 앞에만 서면 말이 안 나오는 분들, 과거의 여자친구와 헤어져 지치거나 질려서, 우연히 한 번 가게 되면 재미가 들릴 수도 있습니다. 말도 안 되는 말을 해도 다 맞추어주고 무조건 "오빠 최고!"라고 하기에 싫어하는 남자는 없을 것입니다.

하지만 유흥업소 가본 것을 자랑처럼 얘기하고 끊지 못하는 남자라면 올바른 연애 가치관이 자리 잡기 어려운 분이니, 잦은 출입 사실을 알게 된다면, 그 남자는 배제하시길 바랍니다.

 팁 바(Bar)에 한 번 가보는 것도 남자를 이해하는 데 도움이 될지도!

3장

사귀기 전 고민

인생극장

만나는 사람 vs 사귀는 사람

'만나는 사람 있어요!', '사귀는 사람 있어요!' 어떤 표현이 맞는 걸까요? 먼저 사귀는 사람이 있다고 하면 확실하게 오늘부터 1일이라고 공식 선언한 남자친구가 있다는 것을 얘기할 겁니다. 이상하게도 우리는 '만나는 사람 있어요!'라는 표현을 더 많이 사용합니다.

만나는 사람이 있다는 것은 애매모호한 표현입니다. 사귀는 사람이 있어서 '만나는 사람 있어요!'라고 얘기하는 것은 괜찮습니다만, 사귀는 사이가 아니고 주위에 썸을 타고 있는 남자가 있을 경우에도 사용한다는 것이 문제입니다. 소개팅이나 단체 미팅 이후 사귀는 것이 아닌, 그냥 연락만 주고받거나 두세 번의 만남을 가진 남자가 있으면 '만나는 사람 있어요!'라고 얘기하기도 합니다. 연애를 잘하시는 분은 이두 가지 표현의 차이를 확실히 알고 있을 겁니다. 당신에게 누가 대시를 한다거나 주위의 지인이 소개팅을 주선해주려는 경우에 '만나는 사람 있어요!'라고 얘기하게 되면, 거절 의사가 되는 것입니다. 당신에게 접근하는 남자가 정말 마음에 안 드는 경우라면 모르겠지만, 꽤 괜찮은 남자이고 커피 한잔 정도는 해도 괜찮겠다는 생각이 든다면, 만나는 사람이 있다는 얘기는 하지 않으시는 게 좋습니다.

또한 당신이 남자친구가 없다는 것을 알고 소개팅을 주선해준다고 하면 '만나는 사람 있어요!'라고 얘기하지 말고, 소개받아보실 것을 권장하여 드립니다. 한 번 거절하면 두 번 다시 당신에게 주선하지 않을 겁니다. 보통 20대 여성의 주선자들은 마당발인 경우가 많습니다. 이런 친구가 주선하는 경우, 여자가 봐도 당신이 매력 있고 괜찮아 보이기에 대가성 없이 발 벗고 나서서 도와주려는 것일 수 있습니다. 물론 남자 쪽에서의 대가가 있을 수 있습니다. 이 친구를 통해 두 번 다시 소개를 받지 않겠다고 하면 거절하셔도 됩니다.

가장 큰 문제는, 당신이 몇 번의 만남을 한 경우나 썸을 탄다고 본인만의 착각을 하고 있는 상황도 많다는 것입니다. 상대방의 확실한 마음은 모른 채 당신만 그 남자에게 호감을 갖고 있는 경우일 수 있는데, 만나는 사람 있다고 주위에 얘기를 할 수 있습니다. 이때 그 남자가 다른 여자와 만나거나 소개팅을 할 수도 있고, 누군가와 사귄다는 소식이 들려오면 당신은 이루 말할 수 없는 분노와 배신감을 느낄 수 있습니다.

물론 그 남자가 당신을 넘어오게 하기 위해 달콤한 속삭임이나 영원을 약속하는 멘트, 행동을 했을 수도 있습니다. 하물며 키스 정도의 스킨십 진도까지 나갔을 수도 있습니다. 하지만 당신과 공식적으로 오늘부터 1일을 선언하지 않아, 사귀는 게 아닌 단순히 만나는 사이, 썸일 뿐입니다. 둘 중 한 사람이 그렇게 생각하고 있다면, 사귀는 사이가 아니랍니다. 이럴 경우 그 남자한테 왜 그랬냐고 따져보기도 애매합니다. 그 남자와는 아무 사이도 아니니까요.

그래서 사귀는 사이와 만나는 사이는 확실히 해야 하며, 만나고 있는 사이에서는 서로에게 소유권이 없기 때문에, 당신 또한 다른 남성들과 100명을 만나도 그 남자가 뭐라고 할 수 없으니, 많이 만나보셔도 됩니다. 만나는 사람이 있다고 말함으로써 더 괜찮은 남자를 만날 기회를 스스로 차버리는 미련한 실수를 범하는 일이 없으시길 바랍니다.

 팁 <u>사귀는 사람이 없다면, 만나는 사람은 100명이어도 괜찮다!</u>

차 있는 남자 vs 차 없는 남자

20대 여성분들 중에 차가 있는 남자를 유독 선호하는 분들이 있습니다. 다른 조건을 포기하더라도 남자의 차가 가장 우선시되는 분들이 있는데, 바로 앞에 만난 남자친구가 차가 있는 분을 만났다면 충분히 그럴 수 있습니다. 자동차 종류나 크기도 좋으면 더할 나위 없이 좋겠지만, 엄마 차나 쉐어링 차가 아닌, 자가이기만 해도 괜찮습니다. 연애를 하는 데 가장 좋은 아이템은 누가 뭐래도 자동차입니다. 공간이 이동을 하기 때문에 둘만의 데이트 및 모든 것이 가능합니다. 자가가 있는 남자친구를 만나면 좋은 점에 대해 살펴보겠습니다.

우선 남자친구가 자가를 운전해서 집까지 데리러 오고 데려다 주니 편리합니다. 지하철이나 버스의 복잡함과 이리저리 끼어서 타는 것도 불편했고, 장거리에도 예쁘게 보이려 짧은 치마도 신경 쓰였으며, 높은 힐로 발도 아팠는데 알아주지도 않는 남자친구는 왜 이리 늦었냐고 다그치면 서럽기도 했는데, 이제 안녕입니다. 추운 날씨에 벌벌 떨면서 대중교통을 기다릴 필요도 없고, 무더운 날씨에도 에어컨이 빵빵한 남자친구의 차는 너무나도 편한 커플들의 히트 상품임에 틀림없습니다. 운전석 옆자리는 여자친구의 전용 좌석이 되고, 다른 여자는 절대 앉을 수 없는 자리이며, 약간의 소품을 두기도 합니다. 심지어 자신의 힐을 바꾸어 신을 수 있는 슬리퍼 같은 편한 신발을 늘 두고 다니는 분들도 많습니다. 그래서 차 있는 남자친구를 만나서 헤어지고 나면, 차 없는 남자는 다시 못 만나겠다는 말이 나오는 겁니다.

또한 언제든지 출발할 수도 있습니다. 여행을 갈 수도 있고, 바로 강이나 바다를 보러 갈 수도 있습니다. 한편, 남자들의 첫 스킨십 장소로도 많이 이용됩니다. 차가 있는 남자들은 그렇게 한강 둔치를 가자고 합니다. 이유는 스킨십 진도를 나가고 싶어 하기 때문인데, 키스 정도까지의 진도는 쉽게 나가고, 그 이상 과감한 커플 분들도 많습니다. 함께 술을 마셔도 대리를 불러서 데려다줄 수 있고, 늦은 시간까지 도서관에서 공부하거나 술 마시고 놀더라도 데려다줄 수 있는 천군만마 같은 차 있는 남자친구가 있으니까요.

직장인 여성도 회사 앞으로 남자친구가 데리러 올 수 있고, 여대의 경우 수업 마치는 시간쯤 남자친구가 좋은 차로 데리러 와서 픽업하는 경우도 있는데, 주위 친구들에게 부러움의 대상이 되기도 합니다. 여자라면 누구나 동화 속의 '백마 탄 왕자님'을 꿈꾸어봅니다. 현대판 백마는 고급 외제 차 정도가 될 거 같습니다. 그래서인지 여성들이 좋은 차를 타고 다니는 남자에 끌리는 것은 당연하고, 클럽에 왜 그렇게 남자들이 차를 끌고 가려는지 이해가 되는 부분이기도 합니다.

허나, 사귀는 사이가 아니라거나 원하지 않는 남자의 차를 탈 때는 주의가 필요합니다. 차는 한 번 타게 되면 중간에 내릴 수가 없기에 반 강제적 납치나 마찬가지일 수도 있고, 남성분이 스킨십 시도를 하더라도 피하기가 쉽지 않습니다. 어쩔 수 없는 상황일 경우 치마를 입고 있거나 불편하다면, 뒷좌석에 앉는 것도 방법입니다. 일찍 자동차 데이트에 익숙해져버리면, 그다음 남자가 차가 없을 시 많이 불편하실 겁니다.

 팁 '백마 탄 왕자님'의 현대판 백마는 자동차일지도!

RULE 03: 헌팅남 선택

어설픈 헌팅남 vs 당당한 픽업남

헌팅을 당하는 여성분은 사실 기분이 좋습니다. '내가 예쁘긴 한가 보네'라며 자신감과 자존감이 확 살아날 겁니다. 이유는 특정 공간이 아닌 많은 사람이 있는 대중들 속에서 본인을 선택해서 대시를 한다는 용기에 높은 점수를 줄 수 있기 때문입니다. 하지만 헌팅남도 헌팅남 나름이니, 이왕이면 괜찮은 헌팅남을 구별하는 방법을 알려드리도록 하겠습니다.

대시는 교내에서 이루어질 수도 있고, 길거리나 지하철 내에서 들어올 수도 있습니다. 이때는 당신을 관찰하는 시간이 분명히 있어야 한다는 것입니다. 이왕이면 당신이 그 시선을 알고 있다면 좋겠지만, 전혀 모르고 있었다면 당황할 수도 있습니다. 그나마 교내에서는 안전합니다. 만약에 이 여자 저 여자 집적대다가 소문이 나거나 당신한테 거절당하면 그 데미지가 상당할 수 있기에, 조심스러울 수밖에 없습니다. 또한 지하철 내에서는 당신을 자연스레 계속 보고 있었을 수 있습니다. 이 상황에서 남자가 괜찮아 보인다면 연락처를 받아보셔도 될거 같습니다. 더 확실히 하고 싶다면 남자의 태도입니다. 남자의 떨림이 느껴진다면 어느 정도는 진심으로 봐도 될 것이고, 너무나도 당당하다면 한 번쯤 진실성에 대한 의문을 갖고 검증을 가질 필요도 있습니다.

한편, 도심지의 길거리에서 헌팅을 당했다면, 학생증을 한 번 보여달라고 하세요. 학생증까지 위조하면서 들고 다닐 사람은 거의 없습니다. 이렇게만 하더라도 남자는 움찔할 겁니다. 보시면 바로 학교, 학과, 학번이 스캔 가능하실 겁니다. 응하지 않는다면 당신에게 갖는 호감의 정도가 그렇게까지 크지 않거나 무언가 숨기고 싶은 게 있다고 봐야할 것입니다. 남자가 직장인처럼 보인다면 명함을 요구해도 좋습니다. 남자가 너무 당당하거나 생각할 겨를도 없이 연락처를 찍어주었다면, 헌팅남의 뒤를 자연스레 밟아보시는 것도 좋습니다. 당신 외에 다른 여성에게도 헌팅을 시도하는 남자의 모습을 심심치 않게 보실 수도 있습니다.

보통 중심지에서는 '이 여자 저 여자', 괜찮아 보이면 다가가서 연락처를 묻는 헌팅 상습범이나 꾼들도 많습니다. 또한 픽업 아티스트나 교육생일 수도 있습니다. 이런 사실을 알게 되었을 경우, 당신의 외적 이미지가 좋은 것도 있겠지만, 한편으로는 남자친구가 없어 보이고 쉬워 보일 수 있는 뉘앙스를 갖고 있다고도 볼 수 있습니다. 이런 상황을 알았다면 연락처 삭제가 아니라, 차단을 하셔야 합니다.

20대 여자 대학생이라면 마음에 드는 사람을 직접 선택하기 위해 한 번쯤은 용기를 내어 남자 헌팅을 해봐도 괜찮습니다. 직장인이 되면 요즘 워낙 흉흉한 세상이다 보니, 헌팅이 들어오면 순간 기분은 좋을 수 있겠지만, 연락처를 찍어주는 여성분은 많지 않은 것 같습니다.

 **팁** **좋은 남자를 알아볼 수 있는 선견력을 길러두자!**

RULE 04: 바람기 확인

바람기 있는 것 vs 바람 피는 것

　20대 여성들의 고민 중에 하나는, 자신이 좋아하는 남자가 모든 여자들한테 친절하고 잘해주는 것이 어지간히 마음에 들지 않는다는 것입니다. 저 남자랑 사귀더라도 잘생긴 외모는 얼굴값을 한다고 생각해서 바람기가 있는 것이 마음 한편으로는 걸리지만, 호감이 가는 것은 또 어쩔 수 없어 고민이 되기도 합니다. 남자친구가 바람기가 있어 힘들다는 여성분들도 많습니다. 함께 있는데 '또각또각' 여자의 구두소리만 들려도 고개가 돌아가고, 카페 문이 열릴 때마다 시선이 그쪽으로 가거나, 예쁜 여자만 지나가면 자연스레 힐끔 쳐다보는 남자의 바람기 시선을 알고 있어 피곤하다는 여성분들의 의견이 많습니다. 길거리 지나다니는 여성을 평가하거나 옷차림에 대해 얘기하며 '너도 저렇게 입어보라'는 등 비교와 지적질을 하는 남자도 많습니다.

　같은 20대라도 자신이 키 크고 여자들한테 인기 있다는 것을 아는 남자라면, 바람기로 곧 바람을 피우는 경우가 있을 수 있습니다. 주위의 여성들이 가만히 놔두지 않는 경우도 있겠지만, 바람기 있다는 것을 알고 있고 권고를 했음에도 굳이 숨기지 않겠다는 것은, 대놓고 실행에 옮기겠다는 것입니다. 또한 대학생의 경우 직장인에 비해 상대적으로 시간적 여유가 많기에 양다리는 물론 문어발식의 연애도 가능합니다. 만약 사귀기 전 바람기가 있다는 것을 알면 미리 경고를 하시길 바랍니다. 고쳐지지 않으면 사귀지 않겠다는 엄포를 놓으셔야 하고, 그래도 변화가 없다면 그 남자와 사귀는 것을 다시 진지하게 생각해보셔야 합니다.

직장인 남성의 경우는 남학생과는 또 조금 다릅니다. 다른 여성들에게 눈길은 줄 수도 있고, 무의식중에 예쁜 여자가 지나가거나 구두소리에 시선이 그쪽으로 가는 것을 자신만 모르고 있는 경우가 있습니다. 이런 경우라면 여성분께서 사귄 이후라도 계속 언급해서 고쳐주실 수 있습니다. 다른 여성과 바람을 피운다거나 양다리를 걸친다는 것이 직장인 입장에서는 꽤나 힘들고 피곤한 일입니다. 직장생활이 만만치 않은데, 퇴근 후 다른 여자를 만나고 주말에 또 다른 여자를 만나는 것은 굉장히 비효율적이라는 것을 알 겁니다. 자신이 직접 돈을 벌어보니 힘든 것을 알고 연애도 포기하는 시대에, 경제적인 부분을 많이 생각하는 남자의 특성상 유지를 위한 데이트 비용도 만만치 않다는 것을 알 겁니다.

바람기 있는 남자가 모두 바람을 피우는 것은 아니기에 권고 조치를 3번 정도 한 이후, 태도의 변화가 전혀 없고 시정되지 않는다면 헤어짐도 고려하셔야 합니다. 잡고 있으면 여성분의 마음만 좋지 않습니다. 알면서도 당하고 괴로워해야 하는 상황이 계속될 수 있습니다.

 나한테만 집중하게 만드는 것도 능력!

호감남 vs 그를 좋아하는 여사친

여자 대학생들은 중고등학교에서 이어지는 연애 방식으로 주위의 친한 친구에게 상담하는 상황이 많습니다. 학창시절 입시라는 공동의 목표를 갖고 있고, 매일같이 웃고 떠들며 고민을 나누는 동성 간의 우정을 소중히 여겼습니다. 이런 상황이 익숙하다 보니 친구에게 의지하기도 하고 고민거리를 숨김없이 털어놓으며 함께 나누는 것에 익숙한 여자 대학생들이 많습니다. 특히 타 지역의 대학으로 가서 외로움에 사무치거나 힘든 일이 있으면 함께하는 여자사람친구가 큰 의지가 되기도 합니다.

이때 여자사람친구와 호감이 가는 남자 취향이 완전히 다르면 다행인데, 교집합이 생기는 것이 문제될 수 있습니다. 우선 호감 가는 요소가 남자의 외적 이미지를 최우선으로 하는 여자 대학생분들이 많습니다. 주로 키 크고 잘생기고, 운동과 공부를 잘하며, 리더십 있는 남자의 몫으로 돌아갑니다. 어떤 여자 대학생이라도 좋아할 수 있는 같은 과 인기남, 같은 동아리 내 인기남, 같은 동네의 인기남을 당신과 친구 모두 좋아하고 있다면 문제가 될 수 있는데, 이때 두 사람이 팬처럼 좋아해서 서로 가십거리로 공유하는 정도라면 다행입니다.

물론 웃기면서 슬프게도 둘 다 고민하고 있을 수도 있습니다. 그 남자는 당신과 당신 친구가 아닌, 전혀 다른 제3의 인물과 진행 중이거나 사귀고 있어서, 김칫국만 마시는 상황이 발생할 수도 있습니다. 하지만 친구가 먼저 진지하게 그 남자와 잘되게 해달라며 부탁을 하거나 이미 진행 중이라면 그 배신감은 이루 말할 수 없을 것입니다.

같은 관점으로, 흔히 캠퍼스 커플이 깨지면 주위 사람들이 두 사람 사이의 관계를 다 알고 있기에 피곤해질 수 있습니다. 성인이 되어 연애라고 하면 잠자리도 가질 수 있기에, 스킨십 진도에 대해서도 친구에게 얘기할 수도 있습니다. 그 친구가 당신의 남자친구를 좋아하고 있다거나, 헤어지고 나서 전 남친과 사귀는 상황이 발생하면, 여간 충격이 아닐 수 없습니다. 그 친구와 당신의 사이가 좋지 않고, 전 남친과 당신이 쿨하게 헤어지지 못했다면, 별의별 말이 주위에서 흘러나와 오해를 부르기 쉽습니다. '스킨십이 누가 좋았고 아니고', '잘하고 아니고' 하는 말이 나오는 상황도 심심치 않게 볼 수 있습니다. 그래서 당신이 인기남이나 주위 사람들이 다 알고 있는 남자와 사귀고 있다면, 연애 관련 부분은 친구한테 얘기하지 않으시는 게 더 좋을 수 있고, 고민이 있다면 전혀 관련 없는 사람이나 전문가의 도움을 받는 것이 더 나을 것입니다. 연애 관련해서 친구에게 의지하는 것보다 스스로 이겨낼 수 있는 힘을 기르는 것도 성인으로서 자신의 감정에 책임질 줄 아는 자세입니다.

 팁 **우정이 깨지면서 연애는 한 단계 더 성숙할지도!**

진심 vs 툭 던지는 호기심

남자의 대시와 고백을 믿어야 할지 말아야 할지 모르겠다는 여성분들의 문의가 많습니다. 시시각각 변하는 20대 남성의 마음인지라, 사례마다 다른 경우가 너무 많지만, 최대한 많이 겹치는 부분에 대해 정리해서 말씀드리겠습니다.

대학생이 되면 남성이나 여성분 모두 단순히 이성과 사귀어보고 싶다는 생각을 누구나 가지실 겁니다. 그냥 괜찮은 것 같아서, 이성에 대한 호기심으로, 심심하고 무료하니까, 대화가 잘되는 것 같아서, 나한테 친절해서, 나를 좋아하는 것 같아서, 성적인 욕구도 이유일 수 있습니다. 연애라는 것을 하게 되면 데이트를 하고, 성인으로 할 수 있는 스킨십도 나눌 수 있습니다. 그렇다 보니 호기심 반으로 그냥 툭 던져보는 대시일 수도 있고, 정말 좋아해서 고민 끝에 고백할 수도 있습니다.

고백 시 표현의 차이와 호감의 크기는 모두 다를 수 있지만, 어찌되었건 분명한 사실은 여성분께 좋은 느낌을 받았다는 것입니다. 여성분의 입장에서는 사귀기 전에 자꾸 확인하려는 마음이 크시겠지만, 남자는 교제가 시작되고 나서 호감의 크기가 반대로 바뀔 수도 있습니다. 정말 좋아한다고 생각해서 고백했고 교제가 시작되었는데, 막상 만날수록 감정이 줄어들 수 있습니다. 또한 단순한 호기심 정도였는데 교제를 하면 할수록 이 여자를 지켜줘야겠다는 강한 이끌림이 더해지는 경우도 있습니다.

　남자는 돈이 나가는 경제적인 부분을 많이 생각하기도 합니다. 20대라면 경제력이 없기에 더 민감하고 약한 부분입니다(물론 섹스 한 번에 모두 보상 받는 줄 알기도 합니다). 아무리 호기심으로 이성 교제를 시작한다고 해도, 데이트를 할 때 돈과 시간이라는 기회비용을 써야만 합니다. 이런 관점에서 보더라도 단순히 쉽게 고백하는 것은 아니라고 보시는 게 맞습니다. 그래서 남성분이 고백하면 진심인지 호기심인지 구분하는 것에 힘을 쓰기보다, 나한테 호감이 있다고 생각하고 받아주셔도 괜찮습니다. 그래도 남자의 진심을 알고 싶다면, 교제하면서 잠자리 스킨십까지 진도만 안 나가시면 됩니다. 아니면 헤어지면 되니까 편하게 생각하셔도 좋을 거 같습니다. 3, 4학년 정도가 되어 몇 번의 교제와 헤어짐을 경험해본 남자라면 분위기가 중요한 것도 알고, 한 명을 만나도 조금 진지하게 만나봐야 하겠다는 생각을 할 수도 있습니다. 요즘은 남자들이 연기력도 많이 늘어서, 고백 시 진지함이 있어야 좀 더 확률이 높다는 것을 아는 분들도 많아, 연기인지 진심인지 어려운 경우가 많습니다. 남자 대학생들에게 당신이어야만 하는 이유가 크지 않고 대체 가능한 여성분들도 많기에, 고백 시 최선을 다하지 않는 분들도 많습니다. 어제까지 사랑했지만 오늘은 마음이 변했다며 시시각각 바뀌는 20대 남자의 진심을 정확히 알기는 어렵습니다. 하지만 많은 교제를 하다 보면 촉이라고 하는 여자의 육감과 느꼈던 경험들로 인해 남자의 진심이 느껴질 것입니다. 더 중요한 것은 사귀고 나서 그의 마음이 더 커질 수 있도록 하는 노력도 필요하겠습니다.

 팁 **결국은 그의 진심보다 그를 향한 나의 마음에 따라 결정되더라!**

82
20대 여자의 연애는 스킨십에서 결정된다

필 받은 오늘 밤 vs 술 깬 내일 낮

주위에서는 얘기합니다. '클럽에서 만난 남자들은 다 그렇고 그렇다' 고⋯. 맞는 말인지 틀린 말인지는 경험에 따라 다르겠지만, 분명한 사실은 클럽이라는 공간은 젊음을 불태우고 오늘 밤 즐기겠다는 하나의 목적을 갖고 놀러 간다는 것입니다. 섹시한 메이크업과 평소에 잘 입지 않는 화려한 의상을 입고 주말 밤 클럽을 향하게 됩니다. 클럽 주위는 벌써 인산인해이고, 모두들 멋진 의상을 입고 터질 듯한 음악소리와 화려한 조명에 살짝 알딸딸해지는 알코올까지 더해지면서 기분이 좋아집니다. 클럽 음악에 몸을 맡기고 춤을 추다 보면 심장 박동수가 빨라집니다. 키 크고 멋진 남자가 나의 허리를 감싸며 접근해오면 싫지만은 않습니다.

클럽 룸을 잡아놓고 비싼 술을 마시고 있는 남자라거나, 같이 나가자는 말에 응해서 나갔는데 멋진 외제차가 준비되어 있다면, 나도 모르게 마음을 뺏기는 게 당연한 겁니다. 클럽에서 만난 남자한테 흔들린다고 해서 내가 저렴해 보인다거나 죄책감을 가질 필요는 없습니다. 남자도 평소에는 성실한 남자일 수 있습니다. 다만 클럽이라는 공간이 사람을 업되게 만들고, 서로가 불타오르면 제어하지 못하고 '원나잇'까지 가버릴 수 있다는 점이 조금 걸릴 수 있습니다. 이런 점을 노려 교육하는 학원도 있고, 실제 픽업 아티스트들은 클럽을 구장이라고 표현하며, 여성을 유혹하여 사귀거나 잠자리까지 가는 기술을 가르쳐주기도 한다고 합니다. '눈 뜨고 코 베어간다'는 말처럼 알면서도 속는 경우가 생길 수도 있으니 주의는 필요해보입니다.

물론 클럽에는 여성과의 스킨십만을 목적으로 출입하는 남성들도 있고, 음악과 춤이 좋아서 가는 남녀들도 꽤나 많습니다. 클럽에서 그나마 남자 선수들에게 당하지 않고 즐기고만 싶다면 친구와 함께 가시고, 술을 이겨낼 정도만 드셔야 한다는 것입니다. 클럽에서 아무리 마음에 드는 남자가 접근해 오더라도 연락처만 주고받고, 다음날 연락해서 낮에 소개팅하는 느낌으로 만나보시길 바랍니다. 학생증이나 명함 확인을 통해 신원 확인을 한 번 하실 수 있다면, 안심하고 만나보셔도 될 거 같습니다.

하지만 서로가 클럽에서의 느낌과 생각했던 이미지가 완전히 다를 것입니다. 클럽에서 봤던 남자의 모습이 아닌 전혀 다른 남자(더 좋아 보일지 아닐지는 알 수 없음)일 수도 있으나, 서로가 신원이 확인되고 그래도 호감이 간다면 사귀는 단계로 갈 수 있을 것입니다. 이렇게만 된다면 좋겠지만, 보통 클럽에 갈 때 다른 곳에서 1차로 한잔하고, 2차로 밤 11시쯤 들어가서 0시의 가장 피크 타임을 즐겨야 재미있습니다. 같이 간 친구는 어디 갔는지 보이지 않을 수 있는데, 따로 남자와 눈 맞아서 벌써 나가버렸을 수도 있습니다. 반대로 본인이 남자의 이끌림에 원나잇의 세계로 갈 수도 있습니다.

클럽에 가는 것이 재미있다면 조금씩 난이도를 올리면서 즐길 줄 아는 정도가 되어, 들이대는 남자에 끌려가는 게 아니라 본인이 직접 선택해서 만나볼 수 있는 수준이 되어보시는 것도 좋은 방법입니다. 클럽에서 만나는 남자라고 해서 나쁘게만 보지 말고, 그날 결판 짓지 말 것을 권장해 드립니다. 먼저 낮에 따로 한 번 만나보실 수 있다면 크게 걱정하지 않으셔도 될 거 같습니다.

 팁 클럽이 익숙해지면, 당당하게 내가 선택한다!

RULE 08: 경험의 차이

남자 대학생 vs 남자 직장인

사람들마다 차이가 있을 수 있지만, 대부분 대학생들끼리, 직장인들끼리 연애를 합니다. 3, 4학년생들은 직장인 남성과 연애를 하는 경우도 있고, 직장인 여성과 대학생 남자의 연상연하 커플도 있으며, 여성이 빨리 취업해서 또래인데도 직장인 여성과 대학생 남성이 교제하고 있는 커플도 있습니다. 연상연하의 경우 여성분이 데이트 비용을 많이 내는 일이 생기고, 이를 비합리적으로 생각하게 되기 시작하면 점점 거리가 멀어지는 이유가 될 수도 있습니다. 또한 여성이 먼저 취업해서 직장에 들어가게 되면 세상을 보는 눈이 달라지고, 그러면서 정장을 입은 슈트가 잘 어울리는 남성들에게 마음이 뺏기고 싶다는 생각이 자연스레 들기 시작합니다. 남자 사수가 결혼은 했지만 프로페셔널하며 자상하고 따뜻하게 이것저것 일을 가르쳐주고 리더십 있게 이끌면, 멋있어 보이지 않을 수가 없습니다. 직장에서 혼이 나고 기분이 우울한데 힙합 스타일이나 트레이닝복 차림의 남자친구에게 얘기해도 이해를 못 하고, 리포트 쓰기 싫다며 칭얼거리는 응석받이가 되어 있는 남자친구와 직장의 슈트 입은 선배의 차이는 이루 말할 수 없습니다.

실제 취업 이후 이런 부분으로 고민하는 여성분들이 꽤나 많습니다. 직장인 남자친구를 사귀게 되면 데이트 내용이 확실히 달라집니다. 맛

집에 가도 주문하는 것부터가 다르고, 문화생활을 즐기는 것도 한 차원 높아지는 것이 당연합니다. 아무래도 직장인 남자친구는 경제력이 있다 보니 학생과 다른 게 당연할 수 있습니다.

조금의 팁을 드리자면, 같은 대학생들이라는 공통의 분모를 갖고 사귀게 될 경우, 남자친구가 올바른 사고와 당신을 위해 줄 수 있는 마음이 확인이 된다면야 함께 고민하고 생활하는 게 더 편하고 익숙해서 장점일 수 있습니다. 하지만 만나서 특별히 할 것도 없는데 하루 종일 같이 있어야 하고, 지루하며, 자기계발을 저해한다는 생각이 든다면, 헤어짐도 생각해볼 필요가 있습니다. 3번 정도 남자 대학생과 교제를 해봤다면, 직장남으로 눈을 돌려보시는 것도 권장하여 드립니다.

대학생들의 만남은 함께 고민하고 나눌 수 있는 부분이 장점이라면, 직장남은 대학생활, 취업준비 등 당신이 고민하는 상황을 다 경험해본 사람들이기에, 삶의 조언이나 도움이 될 수 있는 부분은 더 많을 것입니다. 여자 대학생 입장에서 직장인 남자친구를 사귀게 되면, 인생의 선배 입장에서 여러 가지 조언을 해줄 수 있고, 연애 경험도 당신보다 더 있어 리드도 잘하고 스킨십도 보다 자연스럽게 진행될 수 있습니다. 직장인 남성 입장에서 여자 대학생은 나이 차를 떠나, 만나기 힘들고 대학생이라는 이유만으로 너무나도 예뻐 보여 사랑을 듬뿍 줄 테니, 받는 사랑을 선호하신다면 직장인 남성을 만나보시는 것도 권장하여 드립니다.

> 🗨️ **팁** 22세부터는 직장인 남자에 도전해본다!

꼭 해야 하나 vs 안 할 수도 있나

20대 초의 여자 대학생분들께서 가장 많이 하시는 질문 중에 하나가 "남자친구를 사귀게 되면 섹스를 꼭 해야 하나요?"입니다. 첫 번째 연애 가치관의 형성은 성인이 되어 잠자리 관계가 없는 교제이고, 두 번째 연애 가치관은 섹스 이후 형성된다고 말씀드렸습니다. 잠자리 관계 없이 교제만 하시는 것도 가능하며, 남자친구와 사귈 수 있습니다. 문제는 남자친구가 과연 얼마나 버틸 수 있을지가 관건입니다. 여자는 섹스 없이도 살아갈 수 있고, 키스만으로도 황홀함을 느낄 수 있습니다. 하지만 남자는 다르답니다. 20대 초중반의 남성이라면 혈기가 왕성해서 하루라도 성적인 욕구를 참기가 어려울 겁니다. 물론 자위행위를 할 수도 있겠지만, 여자친구가 있음에도 혼자서 한다는 것은 남자로서는 안타까운 상황일 수 있습니다. 남자가 스킨십 시도는 하겠지만, 여성분이 거절한다면 그 관계는 오래 지속되기 어렵고, 교제는 하지만 성적인 욕구는 혼자 또는 다른 곳에서 풀어야 하는 점을 알아두시길 바랍니다.

생물학적으로 접근하기보다 남녀 간의 에로스라는 관점에서 본다면, 서로 사랑한다면 만지고 싶다는 생각이 들고 육체적인 접촉을 하고 싶은 것이 당연한 현상일 수 있습니다. 안타깝게도 아시아권의 자본주의 국가에서는 성인이 되는 동안 성적에너지를 국가의 발전을 위한 교육에 쓰도록 만들다보니 이성에 대한 호감을 표시하지 못하고 감정을 누르는 것에 익숙해지게 됩니다. 그렇다 보니 성인이 되기 전까지 이성에 대한 감정을 가지고 표현하는 것이 익숙하지 않습니다. 합리적인 판단을 하는 이성이 감정을 누르고 있어서 남자가 고백을 하면 어색하고 설레며 부끄럽기도 해서, 이런 감정을 어떻게 처리해야 할지 모르는 경우도 많습니다. 그래서 좋아하지 않는데도 좋아하고 있다고 착각하며 사귀게 되는 경우도 많습니다.

반면, 이성에 대한 호감보다 스킨십 자체를 좋아하는 분들도 있고, 이것 때문에 연애를 하는 분들도 있습니다. 남자들은 호감과 스킨십을 분리해서 생각할 수 있으니, 남자의 진심을 빨리 알아차릴 수 있으면 좋습니다. 여성분의 경우, 별로 좋아하지 않는 상태에서 사귀게 되었는데 스킨십을 나누다 보니, 그 행위 자체가 좋은 느낌을 주기에 이 남자를 좋아하고 있다고 믿게 되는 경우도 꽤 많습니다. 예를 들어 좋아하는 마음이 크지 않았는데, 조금씩 진도를 나가면서 잠자리 관계까지 갖게 되었습니다. 남자와의 처음 하는 스킨십의 좋은 느낌으로 인해 자신이 이 남자를 사랑하고 있다고 생각하게 되는 경우도 있습니다. 남성분도 처음에는 그저 호감 반 호기심 반으로 여성분과 사귀게 되었는데, 스킨십 진도가 나가면서 더 진지하게 생각하게 되고, 책임감을 갖게 되는 경우도 있습니다. 그러니 남자분의 마음에 대한 신뢰와 피임 준비만 확실하다면, 무조건적인 거부하거나 겁을 내며, 굳이 이성적으로 자신의 감정을 누르거나 억제할 필요는 없어 보입니다.

남자친구를 사귀게 되면 스킨십 진도는 언제든 여성분께서 마음의 준비가 되어 있는 상황에서 진행하시길 바라며, 진짜 좋아한다면 자연스레 여성분께서 남자와의 스킨십을 원하시게 될 겁니다. 스킨십 진도도 조금씩 나가봐야 이 남자가 나를 정말 좋아하는지 아닌지 알 수 있고, 스킨십만을 목적으로 접근하는지 알 수 있는 선견력이 생깁니다. 그래서 마지막 연애라는 결혼의 짝을 찾는 데 진짜 내 남자인지 알 수 있는 통찰력이 생기실 겁니다.

 팁 **사랑한다면 당연한 것, 준비를 잘해서 조금씩!**

RULE 10: 잠자리 허용

사귀기 전 vs 사귀고 나서

　20대 여성들의 가장 큰 고민거리 중에 하나가 바로 스킨십 문제입니다. 잠자리를 사귀기 전에 해도 되는 건지, 사귀고 나서 천천히 신뢰를 쌓으며 해야 하는 건지 고민을 많이 하십니다. 호감이 가는 썸남이 자꾸 사귀기 전에 들이대다 보니, 응해주지 않으면 떠날 거 같고, 다른 여자한테 빼앗길 것 같아 불안하다는 의견이 많습니다. 보통은 술 마신 상황에서 이런 일이 많이 일어나곤 합니다. 클럽에서라면 서로가 원나잇의 즐거움을 위해서 어느 정도 무언의 동의를 할 수도 있습니다.

　호감이 있어 썸을 타고 있는 남자가 어느 순간 들이대며 터치로 이어지는 스킨십을 하게 된다면, 아직 받아들이기는 싫지만 또 한편으로는 완강하게 거부하기도 어려울 수 있습니다. 남자들도 이런 상황에서는 애매모호한 것이, 조금씩 터치를 하면 썸 타는 여성분이 슬쩍 빼면서 하지 말라거나 아직은 아니라고 하면서 소극적인 거절을 하는데, 이것이 '더 터치 해주세요'라는 신호처럼 애교로 보인다는 것입니다. 거절하실 거라면 확실한 태도를 강하게 보여주셔야 남자들은 알아듣습니다. "오빠, 나를 이런 목적(스킨십)으로만 만나?"라고 물어보시길 바랍니다. 남자 입장에서는 당연히 아니라고 하며 멈추게 될 겁니다. 만약 그렇다고 하면 그 남자는 당신의 남자친구로서 자격이 없어 보입니다. 어설프게 "오빠, 아직은 아니잖아!", "조금만 더 있다가(다음에)"라고 틈을 주면, "다음에 언제?" 하며 답을 줘야 하는 상황이 생기고, 남자의 작전에 말려들게 됩니다. 그래서 당장 스킨십 진도를 허락하지 않을 거라면 강하게 끊어주셔야 합니다.

　요즘에는 잠자리 관계를 가진 후에 사귀는 경우도 많습니다. 그런데 이 상황은 어디까지나 남자의 선택에 달려 있다는 것입니다. 여성의 입장에서는 사귀는 걸로 알고 잠자리까지 갖게 되었는데 썸 타는 남자가 사귀자는 말이 없다면, 그냥 하룻밤 즐긴 것밖에 되지 않습니다. 당신이 썸남에게 호감이 크다는 것을 알고 스킨십을 요구하는 못된 남자도 있습니다. 잠자리 관계를 가져야 자신과 더 만남이 가능하다거나 사귈 수 있다는 식으로, 여성의 마음을 갖고 장난치는 남자들도 간혹 있습니다. 연애 경험이 없거나 적은 20대 초중반의 여성들 중에 잠자리까지는 아직 아니라고 생각하면서도, 자신이 좋아한다는 이유와 그 남자를 위해서 울면서까지 스킨십에 응해주는 여성분들도 있습니다. 여성의 입장에서 스킨십과 잠자리 관계를 즐길 수 있는 정도가 되면 모르겠지만, 보통은 사귀는 사이라고 하더라도 교제가 시작된 이후, 어느 정도 신뢰가 쌓인 이후 스킨십 진도는 조금씩 천천히 나가실 것을 권장하여 드립니다.

　남자들은 사귀면 스킨십을 허락한 것으로 아는 분들이 많습니다. 신뢰에 대한 확신이 오지 않는다면, 본인만의 관문을 만들어 통과할 때마다 스킨십 진도를 나가고, 모두 패스하면 잠자리도 가능하다고 정해놓아도 좋습니다. 단, 너무 어렵거나 많은 관문을 만들어놓는다면 남자가 지쳐 쓰러질 것이고, 통과했는데도 지켜지지 않는 약속이라면 남자는 바로 떠날 수도 있음을 알고 진행하시길 바랍니다.

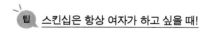

　팁　스킨십은 항상 여자가 하고 싶을 때!

4장

성적 자기 결정권

현명한 선택!

대학생 연애의 끝은 이별!

대학생들의 연애의 끝은 결혼이라고 생각하는 분들은 거의 없을 것입니다. 물론 학생 때 연애해서 결혼하는 분들도 있습니다만, 희박하다고 봐야 할 것입니다. 이제 대학생이 되었으니 연애라는 것을 한 번 해봐야겠다는 생각이 강할 때입니다. 이런 사람도 만나보고 저런 사람도 사귀어보며 많이 만나봐야겠다는 생각을 하는 나이입니다. 한 번으로 끝나는 연애나 마지막 연애라고 생각하는 사람은 아무도 없을 것입니다.

남자친구를 사귀는 이유를 물어보니 '그냥 심심해서, 외로워서, 나한테 잘해줘서, 고백해서, 남들 다 하고 있으니까'라는 답변들이 이어집니다. 교제하는 것을 가볍게 생각할 수 있는 또 하나의 이유는, 대학생이라는 울타리 속에서 남자라는 자원이 풍부해서이기도 합니다. 손만 뻗으면 언제든지 남자를 만날 수 있습니다. 만남의 기회가 많다 보니, 그 기회의 소중함을 생각할 필요가 없습니다. 수업시간, 동아리 활동, 영어학원, 아르바이트, 심지어 어학연수나 유학으로 인해 해외에서 만나기도 하고, 길거리를 지나가며 서로 헌팅을 하기도 합니다. 더 가까워지기 위해 남자는 달콤한 속삭임으로 유혹하기도 하고, 영원을 약속하기도 합니다.

헤어지더라도 교제 선에서 사귀는 정도면 얼마든지 헤어져도 괜찮습니다만 공식적으로 사귄 지 100일 내 잠자리 스킨십을 1회 이상 나눈 연애의 단계, 그 이상의 열애에 빠지게 된 이후 이별하게 되면 데미지가 있을 수 있습니다. 이 단계에서 이별하면 흔히 정이라고 하는 육정까지 들어서, 머리는 잊으려 하는데 몸이 기억한다는 노래가사처럼, 정을 떼어놓기 어려워 많이 아프고 힘들 수 있습니다.

하지만 대학생들 사이에서는 그렇게 이별한다고 해도, 서로 헤어짐의 책임을 묻지 않습니다. 마지막 연애라고 생각하지 않기에 대학생의 연애에서는 결혼이라는 책임에서 자유롭습니다. 연애를 할 때 헤어짐을 미리 고하고 사귀지는 않지만, 언젠가는 이별할 것을 알고는 있습니다. 다만 서로 간 무언의 약속을 했고, 누가 먼저 얘기를 꺼낼 수는 없습니다. 사람의 감정이 그렇지 않겠지만, 서로 사귀다가 헤어지더라도 일상생활을 못 할 정도로 괴로워하면서 대성통곡하며 울거나 크게 아파할 필요가 없을 수도 있습니다. 어떻게 보면 이미 헤어질 것을 알고 만났고, 스킨십 진도 또한 남자친구 혼자만의 결정이 아닌, 여자친구의 동의하에 함께 진행되었기 때문입니다.

20대에는 많은 시간과 넓은 공간 범위에서 이성을 쉽게 만날 수 있습니다. 헤어지더라도 꼭 그 사람이 아닌, 다른 대체 가능한 이성이나 더 괜찮은 사람을 만날 수도 있습니다. 이렇듯 이제는 남자를 선택하고, 교제에서 연애로 이어지는 스킨십 진도, 이별까지 자신이 직접 결정해야 합니다. 조금 더 진지한 만남을 원한다면, 대학생 연애의 끝은 이별이라고 생각하심이 편할 수 있습니다. 또한 20대의 남자라면 직장인이라고 해도, 경제적인 부분이 크게 작용하는 현실적인 결혼까지의 생각은 아직 하지 않는 경우가 많을 수 있는 점을 늘 고려하신다면, 성적 자기 결정권을 행사할 때 조금 도움될 수 있지 않을까 합니다. 자기 성적 결정권을 갖게 되는 20대의 연애는 이제부터 스스로가 책임을

질 수 있어야 하겠습니다.

 팁 <u>남자 선택, 연애, 섹스, 이별, 이제는 모두 내 책임!</u>

'섹스'라는 단어부터 친해지기!

'섹스'라는 말 자체가 어려우신가요? 거부감이 드시나요? 굳이 자신의 입으로 얘기하지 않았으면 하는 생각도 들 수 있고, 꺼내기 힘든 용어일 수 있습니다. 저자의 경우에도 독자 분들께서 편하게, 최대한 편하게 받아들일 수 있게 '섹스, 잠자리 스킨십, 관계'라는 표현으로 다양하게 사용하고 있습니다. 섹스라는 말이 입에 오르기를 꺼려하고, 교양이 없는 상스러운 표현이라고 단정 짓는 분들도 아직 많습니다. 가정환경이라고 하는 어른들의 생각도 많이 반영되는데, 〈해리포터〉에서 '볼드모트'처럼 그의 이름을 불러서는 안 되는 것과 마찬가지 같습니다.

전문가인 저자에게 자신의 고민을 들어달라며 상담을 요청해서 이야기를 들어보면, 앞뒤가 맞지 않고 횡설수설하는 여성분들이 많답니다. 연애 상담을 해보면 90% 정도가 스킨십과 섹스에 관련된 것입니다. 특히 섹스에 대해서 보수적인 생각을 갖고 있는 분의 경우, 조금씩 좁혀나가면서 스킨십 관련인 것 같아 돌려 말씀을 드리면, '섹스'라는 용어가 나올까 봐 전전긍긍하는 분들도 많고, 그 문제는 아니라고 발끈하거나 굳이 아닌 척하는 분들도 있습니다. 그나마 학생들의 경우는 성적 자기 결정권이 생기면서 스킨십 진도와 섹스에 대해 궁금한 점이 많다 보니, 친구들과 이런저런 얘기를 공유하기도 합니다. 하지만 엄한 성향을 가진 부모님의 관리에서 벗어나 타 지역으로 대학을 가서 혼자 자취를 하게 되면, 몸과 마음가짐을 바로 하라는 세뇌 교육으로 인해 빗장을 걸어 잠그고 입 밖으로 그 용어를 쓰지 않는 여학생분들도 있습니다.

직장인의 경우 모두가 다 그런 것은 아니지만, 흔히 보수적인 집단으로 볼 수 있는 직업군 및 공직사회를 선택하는 분들 또한 섹스라는 용어에 대해 꺼리는 분들이 많습니다. 언론과 미디어에서 하도 섹스에 대해 떠들어대다 보니, 혼전순결자는 없어 보이지만 꽤 많은 여성분들이 잠자리 관계 경험이 없고, 결혼까지 미루려고 하십니다. 음담패설을 늘어놓으라는 얘기가 아니랍니다.

아직까지 눈치 볼 필요 없고 사회적 위치가 없는 여학생들끼리라면, 서로의 상황을 고려해서 이런저런 정보를 공유하시기를 권장하여 드립니다. 남자친구가 있는 친구의 스킨십 이야기, 자신의 스킨십 경험 및 좋아하는 애무법, 스킨십 방법에 대해서도 서슴지 않고 얘기를 나누어도 좋습니다. 공대를 다니거나 남학생이 많은 학과에 있는 여학생들은 아무래도 남자들의 대화를 많이 듣고 함께하다 보니, 성에 관련된 정보 및 그에 관한 얘기도 다른 학과나 여대에 다니는 분들에 비해 편하게 생각하는 것 같습니다. 남자사람친구나 전혀 연인으로 발전 되지 않을 남자의 고민을 들어주는 척 스킨십 관련 대화를 나누는 여학생들도 꽤 많습니다.

남자친구가 있다면 함께 공유할 수 있겠지만, 남자친구가 없을수록 관련 정보에 더 익숙해지면 좋겠습니다. 직장인이 되면 사회적인 체면 때문에 입 밖으로 꺼내기도 어렵고, 자신이 경험이 적거나 없다는 것을 누구한테 말할 수도 없으며, 말할 사람도 없습니다. 20년 이상 살아오면서 보수적인 성에 관한 생각이 하루아침에 바뀌기는 어렵습니다.

하지만 남자와 섹스에 대해 거부감을 줄이려면, 섹스에 대해서 입 밖으로 편하게 얘기하는 것부터가 시작일 것입니다.

팁 **혼자만 겉으로 고상한 척은 이제 그만!**

남자도 섹스에 대한 두려움이 있다!

섹스가 남자의 전유물처럼 생각될 수도 있겠지만, 남자도 섹스에 대한 두려움이 있습니다. 어느 한 통계를 보면, 대한민국의 남녀가 첫 경험을 갖는 나이가 평균 22세라고 합니다. 남자들도 군대 가기 전 경험하지 못하면 더 늦어지는 경우도 많습니다. 요즘 모태솔로도 점점 많아지고, 동정남이라고 해서 한 번도 안 해본 남자들도 많습니다. 그래서 처음인 남자의 경우, 섹스에 대한 두려움이 많습니다. 나름 교양과 상식이 있다고 생각하는 남자의 경우 임신에 대한 불안감과 두려움을 갖고 있으며, 청운의 꿈을 안고 대학에 간 남학생이라면 출세와 야심이라는 것이 분명 있을 텐데 잘못해서 코가 꿰어버리면 어떡하나 하는 걱정도 할 겁니다. 내가 못 해서 마음에 들어 하지 않으면 어떡하나 하는 불안감도 생기고, 삽입은 어떻게 하는 건지 궁금하기도 하며, 옷은 서로 벗겨주는 건지, 각자 벗는 건지, 별의별 걱정을 다 하게 됩니다. 떨려서 못 하겠다는 남자도 있고, 두근두근 심장이 뛴다며 고민하는 남성도 꽤 있습니다.

여성과 잠자리 경험은 있는데 섹스에 대한 두려움을 가진 남자도 많습니다. 여자친구에게 힘겹게 허락을 받아 섹스를 하게 되었는데, 발기가 잘되지 않는 경우가 생길 수 있습니다. 20대 초중반이라면 조루 중이라고 보기에는 어렵지만, 경험이 적어 순간 긴장된 상태라서 삽입 직전, 또는 콘돔을 착용하려 하거나 자세만 바꾸어도 발기가 죽어버리는 경우가 있습니다. 남자는 여자를 만족시켜줘야 한다는 책임감과 부담 때문에, 이런 현상을 한 번이라도 경험한 20대의 남자는 섹스를 두려워할 수 있습니다. 이런 경험이 두 번 이상이었다면, 완전히 자신감이 떨어지고 자존감은 곤두박질칩니다. 여성분도 남자친구에게 문제 있는 거 아닌가 하는 생각과 함께 조금은 다르게 생각하실 수도 있습니다.

또한 지루증을 경험하는 남성들도 있습니다. 발기도 잘되고 자위행위 시 사정은 잘하는데, 삽입만 하면 바로 죽어버리는 현상을 경험하기도 하며, 사정이 잘 안 되고 충분치 않은 것을 말합니다. 20대 초반의 남성들도 쉽지 않은 섹스이기에 여성분만 고민한다는 생각은 갖지 않으시길 바랍니다.

다만 술 먹은 상황에서는 성욕이 증가되기에 만지고 싶어 하고 스킨십 진도를 나가려 합니다. 제정신으로는 쑥스럽고 어려워 술의 힘을 빌리려 하는 것입니다. 30대 정도의 경험이 있는 남녀라면 잠자리를 갖기 전 적당한 음주는 기분 좋은 두근거림과 설렘이 될 수 있지만, 아직 경험이 적은 20대 초중반의 남성은 술 마시지 않고 정상적으로 여자친구와 막상 하려고 하면 긴장되고 떨리기 마련입니다. 합의하에 스킨십 진도가 나간다면 여자친구가 남성분을 편하게 해주는 것도 서로의 관계에 플러스가 될 겁니다.

팁 막상 진도를 나가면 남자가 더 긴장 많이 할 걸!

RULE 04: 섹스 두려움

기다려줄 수 있는 남자를 만나려면!

섹스를 나누게 된다는 것은 양날의 검과 같이 쾌락의 정점과 함께 임신이라는 부담을 떠안게 됩니다. 피임기구를 이용해서 철저하게 준비한다고 해도, 남자의 쿠퍼액 한 방울로 가능한 것이 임신이기도 합니다. 또한 둘 다 뜨겁게 타오르다 보면 사정 타이밍을 놓치는 경우가 생길 수도 있습니다. 남자친구를 좋아하고 사랑하지만 섹스만은 못 하겠다는 여성분들도 많습니다. 결혼 전에 임신을 하게 되면 그 책임은 여자가 모두 떠안게 되기 때문에, "진짜 사랑한다면 결혼할 때까지 기다려줘야 하는 것 아닌가요?"라는 질문을 하시는 분들도 있습니다.

물론 다 맞는 말씀입니다. 하지만 안타까운 것은 당신의 이성이 감정을 이기고 있는 상황일 수도 있다는 것입니다. 지금까지 느꼈던 경험이라는 것이 감정인데, 잠자리 스킨십 그 이상을 넘어서지 못하고 늘 그 앞까지였기 때문에, 이 감정까지를 당신만의 기준으로 진짜 사랑한다고 믿고 있을 수 있습니다. 눈에 콩깍지가 씌어 정말 사랑한다는 감정을 갖게 된다면, 이성적이고 합리적인 판단으로 막을 수 없는 것이 사랑입니다. 서로가 만지고 싶고, 잠자리도 갖고 싶다는 생각이 드는 것이 당연한 사랑의 감정입니다.

이런 감정을 느끼지 못하고 이성적으로 막고 있는 것이 남자친구를 사랑한다고 말하기엔 조금 부족해보입니다. 남자친구가 느끼는 사랑의 감정은 전혀 생각해주지 않는 것일 수도 있습니다. 당신이 생각하는 사랑이 마지막 연애라는 결혼이라는 현실적인 부분으로 연결되면서, 마냥 좋은 조건의 남자를 손에 쥐고 있겠다는 개인적인 생각일 수도 있습니다.

단순히 임신에 대한 걱정이라면 이중으로 피임을 하시는 방법도 있습니다. 가임기를 피하고 피임도구를 사용하자고 말한다면, 당신의 의견을 존중해줄 것입니다. 서로가 정말 사랑하는 마음을 갖고, 술 마시지 않은 상황, 가임기는 피하고, 피임도구(경구 피임약, 콘돔, 사후 피임) 사용까지 했다면 확률은 매우 적을 겁니다. 만에 하나 이렇게까지 했는데도 임신이 되었다면, 두 사람이 진짜 인연이고 운명으로 볼 수도 있겠습니다.

과거의 섹스 경험이 좋지 않았다거나 엄한 집안 분위기의 세뇌교육 등으로 인해 섹스에 대한 거부감이 있다면 바꾸기 정말 어려울 수 있습니다. 만약 이런 원인이 확실한 상황도 아닌데 섹스에 대한 거부감이 있고 절대 못 하겠다고 하면, 임신에 대한 포비아일 수도 있습니다. 단순히 아직 결혼 전 섹스를 나눌 만큼의 사랑하는 인연을 못 만난 것일 수도 있습니다. 스킨십 진도를 어려워하거나 두려워하는 여성분들도 많아 상담 및 코칭을 해서 효과를 본 방법이 있습니다. 결혼 전까지 기다려줄 수 있는 남자를 만날 수 있는 방법으로는 적은 확률이지만, 계속 남자를 많이 만나봐서 파이를 키우는 것입니다. 분명 어딘가에 있을 단 한 사람입니다. 유의할 점이라면, 많이 만나봐야 하기에 소개팅 자체를 즐겨주시길 바라며, 지치지 말아야 한다는 것입니다.

또 다른 방법은 시간이 답인 것 같습니다. 끓어오르는 20대와 30대 초의 남자 중에 스킨십 없이 기다려줄 수 있는 남자는 만나기 너무 어려워 보입니다. 당신이 너무 멀게만 느껴지는 30대 중후반이 되면, 남성이 30대 후반에서 40대일 겁니다. 이때 남자들은 일생에서 가장 열심히 일을 할 때이고, 체력적으로나 성적으로 섹스가 힘든 운동이라는 것을 알고, 함부로 에너지를 쏟지 않고 참을 줄도 알게 되는 것 같습니다. 시간이 많이 늦추어지는 것은 어쩔 수 없지만, 당신과 마찬가지로 관리가 잘된 멋지고, 20대보다 훨씬 더 능력 있는 남자들이 많이 남아 있을 것입니다.

💬 **팁** <u>스킨십을 나눌 마음이 안 든다면, 진짜 그를 사랑하는 것일까!</u>

RULE 05: 남자의 기대

처음이라고 말하지 않기!

　남자친구가 경험이 있다면, 여자친구가 경험이 있어도 고민, 없어도 고민이 될 겁니다. 그러니 가급적이면 '경험이 있다 없다'를 굳이 말할 필요 없고, 처음이라는 것은 더더욱 말해서 좋을 것이 없습니다. 여자친구가 스킨십 진도를 섹스까지 경험해봤다고 생각할 수 있고, 이왕이면 즐길 수 있는 정도였으면 하고 은근히 기대할 수 있습니다. 남자친구가 스킨십에 대해 크게 신경 쓰지 않는다면 모르겠지만, 그럴 리 없을 것입니다. 섹스가 주는 좋은 느낌을 경험해본 남자라면, 여자친구를 사귀는데 굳이 스킨십 진도를 안 나가는 것이 더 이상할 겁니다.

　여성분께서 처음으로 큰 결심을 하고 진도를 나가게 된다면, 스킨십을 나누다가 섹스의 바로 문턱 앞까지 와서 떨리는 마음에 두렵고, 무서워서 자신은 처음이라고 말해버릴 수도 있습니다. 이때 여성분의 떨림을 느끼고 당신을 소중하게 생각하는 분이라면, 그냥 꼭 껴안아주며 지켜주고 싶다는 말을 꺼내거나, 오늘 아니어도 되니 손만 잡고 자자고 하는 멋진 남자도 있을 것입니다.

　문제는 처음이라고 하면 섹스가 재미 없을 것이라 생각하거나 그것을 굳이 확인하고 싶어 하는 못된 남자도 있습니다. 여자가 처음이라고 하면, 일본말로 '아다'라고 해서 관계 시 막의 손상으로 피가 살짝 묻어나는 것을 보려는 이상한 남자도 있습니다. 의사가 아니라 정확히 말씀드리기 어렵지만, 막이 워낙 약해 어릴 적 스치듯 문지르거나 씻다가도 손상되거나 없어질 수 있다고 합니다. 이런 정보는 모른 채, 확인이 안 된다고 해서 다짜고짜 '처음이 아닌데 왜 거짓말하느냐'고 캐묻는 남자도 있을 수 있고, 자신만 속으로 알고 마음속에 담아두는 남성도 있으며, 추후 여러 상황을 보고 헤어짐을 고하는 사람도 있습니다. 여자가 처음이라는 것을 중요시하는 남자나 어르신들도 있고, 그것이 징표가 되는 것이라고 해서 엄한 집안과 결혼할 때, 결혼 직전 산부인과에서 재생 수술을 하는 여성분도 있다고 합니다.

반대로 기다려줄 수 있는 멋진 남자친구도 있습니다. 당신이 처음이라는 상황을 알고 최대한 기다렸다가, 여자친구가 마음을 열어 관계를 갖게 되면, 정성껏 부드럽고 천천히 조금씩 스킨십 진도를 나가면서 피임까지 확실히 하여 사랑받는 느낌을 안겨줄 겁니다. 여성분 입장에서도 사랑받고 존중받는 느낌을 받으며 처음으로 멋진 섹스를 경험하고 나면, 여자로서 그 행복감은 이루 말할 수 없을 것입니다. 문제는 여성분 입장에서 처음이라는 사실과 함께 스킨십 진도를 잠자리까지 갈 것이냐 말 것이냐 결정해줘야 한다는 것입니다. 이것이 바로 성적 자기 결정권을 행사한다는 것이고, 두 번째 연애 가치관이 정립되는 것입니다.

 팁 **남자의 기대감을 무너뜨리지 않기!**

RULE 06: 날짜 정하기

그날까지 적정선 유지하기!

　나쁜 남자는 스킨십이 목적일 수 있습니다. 그러므로 잠자리 관계 이후의 상황을 생각할 때, 첫 섹스를 나누기 전에 믿음과 신뢰를 확인하는 게 좋습니다. 그러기 위해서는 서로 사귀기로 하고 나서, 스킨십 진도를 늦출 수 있는 만큼 최대한 뒤로 미루는 게 좋습니다. 사귄다고 해서 스킨십을 허락한 것은 아니라는 점을 명확히 하셔야 합니다. 남자는 사귄다고 하면 몸과 마음이 100% 모두 오케이 된 상황으로 착각하고 스킨십 시도를 무작정 들이댑니다. 이때 어설프게 빼거나 하지 말라고 하면, 더 해달라는 신호로 받아들이는 남자도 많습니다. 그러다가 여성분이 짜증 섞인 말투로 얘기하게 되면 잠시 정적이 흐르거나 사이가 어색해지고, 자존심 강한 남자는 바로 헤어짐을 고하기도 합니다.

　가볍게 한마디 해주시면 됩니다. "오빠는 나를 그 목적으로만 만나?", "오빠, 나를 사랑하긴 하는 거야?", "오빠 그렇게 안 봤는데, 실망이야!", "오빠 나쁜 남자구나"라는 멘트를 기분 나쁘지 않게 하시길 바랍니다. 그래도 계속 진행하는 남자는 동의하고 인정하는 것이기에 스킨십만을 목적으로 하는 나쁜 남자가 맞습니다. 하지만 보통의 남자라면 자신이 섹스만을 목적으로 하는 염치없는 사람이 되고 싶어 하지 않기에, 더 이상 스킨십을 진행하기 어렵게 됩니다.

그렇다고 자꾸만 들어오는 남자의 스킨십을 계속 미루는 것도 어느 정도 한계가 있습니다. 자체적으로 조사를 해본 결과, 이때는 언제 할 거라고 명확하게 답을 주는 것도 방법입니다. 예를 들어 보통 100일 기념으로 사랑을 나누자고 말해놓으면, 남자는 100일씩이나 기다려야 한다는 압박이 있긴 하지만, 여성분의 사랑스러운 말투와 함께 "오빠, 나를 사랑한다면서 그 정도도 못 기다려줘?"라고 하면, 마지못해 동의하게 될 겁니다(50일 등 기준은 본인이 잡되, 100일 이상은 넘기지 마시길). 남자는 여자가 얘기하는 다른 것들은 다 잊어먹어도 이날만큼은 절대로 잊지 못하고 운동을 해가면서, 군 제대 날짜처럼 학수고대하며 계산하고 있을 겁니다.

사실 100일이 되기 전, 80일 정도에 치고 들어가는 게 가장 좋습니다만, 그래도 아직 준비가 안 되었다고 생각하시면 기한을 정확히 채우시길 바랍니다. 또한 100일이라고 해서 진짜 100일 동안 아무것도 하지 말라는 얘기가 아닙니다. 하루도 버티기 힘든 남자들인데, 3개월을 기다리라는 건 사형선고나 다름없습니다. 단군신화에 나오는 곰도 아니고, 여자친구가 있음에도 당신을 만나 100일 동안 혼자서 해결해야 하는 남자친구는 안타깝습니다.

그동안 할듯 말듯 당근과 채찍을 함께 주셔야 합니다. 키스나 포옹은 기본이고, 좀 더 진한 스킨십도 가끔은 시도해주셔야 합니다. "야동 보지 말고 내 생각하면서 혼자 해결해!"라고 화끈한 멘트를 날려주시는 여성분도 봤습니다. 아니면 남자는 여자친구가 철벽녀(남자들이 아예 접근하지 못하도록 철벽수비하는 여자를 일컫는 유행어)라 생각하고 다른 생각을 하게 됩니다. 최소한 남자친구가 의지를 잃어 당신과 헤어지지 않을 정도의 적정선은 유지해주시는 게 포인트입니다. 당신이 생각했을 때 '이 정도면 됐다'라는 신뢰와 믿음이 간다고 확신하시면, 100일이라고 얘기했어도 그 전에 스킨십 진도를 나가도 되겠습니다. 확률은 너무 적지만, 만약 100일이 되는 날 잠자리 관계를 갖고 얼마 지나지 않아 헤어짐을 고하는 남자라면, 정말 상종도 하지 말아야 할 최악의 남자를 만난 것입니다.

🗨️ **팁** **결전의 그날까지 아슬아슬하게!**

RULE 07: 쓰레기 남자

그를 '나쁜 남자'라고 말하는 이유!

　미디어에서는 '나쁜 남자'가 멋있는 것처럼 포장되고, 치명적으로 여자를 유혹하는 스타일이라고 떠들어 댑니다. 자랑삼아 '나쁜 남자'라고 얘기하는 남자 연예인도 TV에서 쉽게 접할 수 있습니다. 무엇보다 주위의 친구나 지인들이 '이런 남자는 나쁜 남자 같다', '저런 남자는 나쁜 남자임에 틀림없다' 하면서, 특정 말과 어떤 행동을 하는 남자는 모두 '나쁜 남자'라고 합니다.

　도대체 '나쁜 남자'는 뭔가요? 세상의 남자들은 모두 누구의 귀한 자식들인데, 처음부터 '나쁜 남자'가 있었을까요? 많은 여성분들이 다들 '좋은 남자'로 알고 호감을 갖게 됩니다. 그런데 그렇게 '좋은 남자'들이 '나쁜 남자'로 변하는 이유가 있습니다. 바로 책임지지 못할 행동을 했다는 것 때문입니다. 남자가 섹스만을 목적으로 여성을 유혹해서, 여자의 감정을 갖고 장난치는 것을 말합니다. 한마디로 '나쁜 남자=먹튀(먹고 뛴다)'라고도 합니다. 예를 들어 호감을 갖고 섹스를 하게 되어 여성은 당연히 사귀는 사이라고 생각했는데, 남자의 답은 그게 아닌 엔조이였던 것입니다. 다른 예로 스킨십 진도가 빨라지며 잠자리 관계를 가졌는데, 남자가 연락이 안 된다거나 점점 여성분을 피하며 멀어지는 경우도 있습니다. 사귄 기간이 조금 지난 커플도 첫 관계까지 시간이 조금 걸렸는데, 얼마 지나지 않아 헤어지는 경우도 있습니다. 이런 경험을 겪은 여성에게 그 남자는 '나쁜 남자'입니다. 그 남자의 학교가 ○○학교라면 두 번 다시 ○○학교의 남자는 만나지 않고 그 학교 다니는 남자는 다 그런 남자라고 선을 그어버리게 됩니다. 그 남자의 출신학교, 학과, 직장, 직업, 고향 등의 관련성과 인상착의, 키, 말투나 행동이 비슷한 남자를 '나쁜 남자', '나쁜 남자 스타일'이라고 얘기합니다.

　사귀기로 한 후 남자는 섹스를 하고 나면 일단 목적 달성입니다. 그 동안의 데이트 비용이나 관계를 가지기 위한 노력과 시간이 아깝지 않고, 당장 헤어진다고 해도 아쉽지 않습니다. 일단 첫 관계를 갖고 나면 그다음부터는 관계를 나누기 쉬워지고, 계속할 수 있습니다. 남자 입장에서 매번 같은 섹스는 재미가 없다고 느껴져 싫증이 날 수도 있습니다. 여자친구에게 몇 번의 다른 시도나 요구를 했는데도 변화가 없고 흥미가 떨어진다면, 헤어짐을 고할 수도 있습니다. 그렇게 섹스까지 성공한 남자는 자신의 방법이라고 하는 루틴을 또 다른 여성에게 써먹어보고 싶어 합니다.

　이런 경험을 갖고도 자신이 만난 '나쁜 남자'를 탓하지 않는 여성들도 있습니다. 자신이 호감을 갖고 선택했기에 잘못으로 인정하고 싶지 않으려는 심리도 있기 때문입니다. 이상하게도 잠자리 관계가 평균 3회 이상이면 육정이 어느 정도 생겨나서, 자꾸만 그 남자가 생각나는 것이 스스로 마음에 들지 않을 수도 있습니다. 조금의 위로라면, 당신의 인생 선배라고 말하는 언니들이 '나쁜 남자'에 대해 '이러쿵 저러쿵' 얘기하는 걸 보면, 그들은 당신이 겪은 '나쁜 남자'보다 더 못된 남자를 만났을 수 있습니다. 만약 나쁜 남자를 만났다면 비싼 수업료를 지불했다고 생각하시길 바라며, 똑같은 실수는 반복하지 않아야 하겠습니다.

💬 **팁** 나쁜 남자의 또 다른 이름, 먹튀(먹고 튀다)!

둘만의 술자리 피하기!

이미 나쁜 남자를 경험해본 여성분은 또 같은 경험을 할까 봐 겁이 나기도 하고, 아직 잠자리를 경험해보지 못한 여성분이라면 자신이 선택한 남자가 나쁜 남자일까 봐 두려움이 생기는 것도 당연합니다. 나쁜 남자는 항상 결과론으로 말하기 때문에 미리 100% 예방할 수 있는 것이 아니라서 어려운 게 사실입니다만, 자체적으로 조사를 통해 가장 효과가 있었던 최소한의 사전 예방법을 말씀드리고자 합니다.

첫째, 성인남녀라면 스킨십 없는 연애는 어렵다는 것을 받아들이셔야 합니다. 20대의 남자라면 끓어오르는 성욕을 주체하지 못하기도 하지만, 성인으로서 스킨십 없는 연애는 단순 교제일 뿐이며, 결혼할 때까지 기다려줄 수 있는 남자는 없다고 생각하시는 게 더 편할 겁니다. 오히려 사귀는 사이에서 남자가 스킨십 시도를 안 하는 것을 이상하게 생각하셔야 할 겁니다.

둘째, 사귀지 않는 사이에서의 스킨십은 금물입니다. 물론 스킨십 자체를 좋아해서 자신이 즐길 수 있고, 섹스를 행위 자체로 받아들이며 끝나는 분은 상관없습니다. 문제는 자신의 의지와 무관하게 이끌림에 의해 섹스 이후 후회가 밀려온다면, 어느 정도 조절이 필요해 보입니다. 다음의 몇 가지 자가진단을 해보시길 바랍니다. 스킨십 자체를 좋아하는 분, 간혹 손이 많이 가서 '예뻐라' 하며 칭찬과 관심을 가져주는 것에 약한 분, 금방 사랑에 빠지는 분, 백치미가 있으신 분은 특히 주의하셔야 합니다. 또한 남자의 외적 이미지에 호감을 많이 가지시는 분의 경우, 그 남자를 놓치고 싶지 않아서 스킨십을 허락하는 경우가 있습니다. 나쁜 남자를 만나는 것도 습관이 되어버려 추후에, 받는 사랑보다 주는 사랑에 익숙해져버릴 수 있습니다.

최소한의 예방법으로, 단둘만의 술자리는 피하시는 게 좋습니다. 남녀가 단둘만의 술자리를 가진다는 것 자체가 스킨십 진도를 나가겠다고 묵시적으로 동의한 것이나 마찬가지이기 때문입니다. 술은 진정효과도 있어 긴장을 놓게 만들기도 하고 기분도 살짝 업시켜줍니다. 또한 술은 성욕을 6배 올려준다고 합니다. 시끄러운 소음을 피해 옆자리에서 속삭이듯 대화도 가능하며, 살짝 어두운 조명으로 야시시한 분위기도 만들어줍니다.

여성분도 마찬가지로 술이 알딸딸해지면 앞에 앉아 있는 남성이 더 잘생겨 보일 수 있습니다. 이때 철벽녀도 가끔 '남자는 모두 늑대'라는 굳은 결심을 잊어버리고 모든 것을 한순간에 내려놓기도 합니다. 술자리에서 결정타는 당신 옆에 앉는 순간부터입니다. 화장실을 다녀오면서 슬쩍 옆에 앉아버릴 수도 있는데, 이때 강한 거부감을 드러내지 않으면, 어느 정도 허락한 거라고 남자는 받아들이게 됩니다. 또한 한쪽이 막혀 있는 경우가 많아, 남자가 통로 쪽의 옆자리에 앉아버리면 나갈 수도 없고, 분위기는 그렇게 흘러가 버리기도 합니다. 스스로가 나쁜 남자를 만들 여지를 주는 건 아닌지 한 번 점검해보시는 것도 좋겠습니다.

💬 **팁** 나쁜 남자는 당신의 허점을 파고든다!

RULE 09: 혼자 산다면

집으로 들이지 않는다!

성인이 되면서 대학에 진학하면, 여러분의 주거 형태가 바뀌는 상황이 생길 수 있습니다. 부모님과 함께 거주하면서 지역 일대의 학교를 다닐 수도 있고, 타 지역으로 가게 되는 경우도 생깁니다. 다른 지역으로 가게 되면 요즘은 개인의 사생활을 중요시해서 그런지 하숙은 거의 찾아보기가 어려워졌고, 기숙사로 들어가는 게 아니면 보통 혼자 사는 자취를 많이 선호합니다. 자취하는 여성분의 경우 남자친구가 생기면, 스킨십의 진도가 조금 더 진척되는 상황이 많이 발생합니다. 왠지 남자친구가 여자친구 집에 놀러오는 상황은 납득이 가지만, 아직 교제만 하는 상황에서 모텔에 간다는 것은 뭔가 불순한 의도로 생각이 들기 때문일 수 있습니다. 그래서 교제를 하는 중에 남자친구가 놀러 와서 둘만의 시간을 가지다 보면, 자연스레 스킨십 진도가 나가게 될 수 있습니다. 이상하게도 남자친구 혼자 사는 집에 여자친구가 놀러가는 상황에서 스킨십 진도가 나가기보다는, 여자친구 집에 남자친구가 놀러가는 것이 무언가 맞는 것 같습니다.

아무래도 남자 집에 놀러오라고 하면 무언가 다른 의도가 있어 보입니다. 물론 남자가 여자친구에게 집에 놀러가도 되냐고 물어보는 것은 '너랑 스킨십 진도 나가도 되니?'라고 물어보는 것과 같은 말입니다. 여성분이 오케이 했다는 것은 당연히 스킨십도 허락 받았다고 받아들이게 됩니다. 아직 스킨십에 익숙하지 않고 어렵다면, 자취방을 안 치워서 엉망진창이라거나, 부모님이 수시로 온다고 처음부터 못을 박아놓으면, 그다음부터는 엄두를 내지 못할 것입니다. 그래도 들이댄다면 자취방이 너무 엉망이라 보고 나면 나랑 헤어질 수도 있다고 웃으며 넘기시길 바랍니다.

남자 입장에서는 여자친구가 혼자 산다고 하면, 놀러가서 섹스도 마음껏 할 수 있고, 데이트 및 모텔비 아껴서 좋아하는 분들이 많습니다. 그래서인지 스킨십 진도를 중요하게 생각하는 남자 중에 자취하는 여자만 소개해달라는 경우도 있습니다. 직장인 여성의 경우, 요즘 워낙 세상이 흉흉하다 보니, 소개팅을 하더라도 어느 지역 정도만 알려주지 자신의 집을 알려주지 않습니다. 사귀고 나서도 집 근처까지만 바래다주지 정확한 집주소를 공개하지 않습니다. 그에 비해 여자 대학생들은 너무나도 쉽게 집을 알려주고, 검증이나 신뢰의 확인 없이 사귄다는 이유만으로 남자친구에게 오픈해버립니다.

남자친구라고 하지만 아직은 서로 잘 모르는 상황입니다. 한 번 경험이 있으신 분은 헤어짐의 상황도 잘 알고 계시겠지만, 남자친구를 처음 집으로 데리고 오는 것이라면 중간에 싸우거나 좋지 않은 상황, 헤어지는 경우 감당이 안 될 수 있습니다. 만에 하나 데이트 폭력이 일어난다거나 헤어진 이후 집 앞에서 한없이 기다리는 스토킹이 생기는 원인은 잘 알지 못하는 상황에 집을 오픈해버리기 때문이라는 의견이 지배적입니다. 최소한의 검증이란 남자친구의 화가 난 모습을 경험해봐야 하고, 술버릇을 알아야 하는 겁니다. 스킨십 취향을 알고, 밖에서 스킨십 진도를 다 나간 이후, 집으로 초대하시는 것이 현명할 수 있습니다.

🗨️ **팁** 스킨십이 아직 익숙하지 않다면, 집에 들이지 않는다!

부부놀이에 빠지면 답이 없다!

직장인들도 둘만의 세상으로 가득 찬 부부놀이에 빠지면 답이 나오지 않습니다. 하지만 그들은 몇 번의 연애 경험이 있어서 어느 정도의 합리적인 판단을 할 수 있으며, 회사에 출근해야 하다 보니 진행되더라도 주말에 가끔 즐길 수 있습니다. 하지만 여자 대학생들은 연애에서 열애 단계로 접어들면 사랑이라는 큰 감정에 빠지게 되고, 거의 대부분의 시간을 남자친구와 함께하는 데 보내게 될 것입니다.

일명 부부놀이는 교제에서 연애 단계로 넘어가서, 즐길 수 있을 정도의 열애 단계에서 서로가 '여보, 당신'이라는 호칭을 쓰기 시작하면서 진행됩니다. 특히 자취하는 여자 분의 집에서 스킨십 진도가 나가서 잠자리 관계를 갖게 되면, 최후의 보루였던 벽이 사라지게 되면서 시작됩니다. 한 번 뚫리면 계속 물밀듯이 들어오게 되며, 여성분의 집이 마지막 데이트 장소가 되고, 고정화될 것입니다.

같은 학교라면 근처에 있을 것이고, 서로의 아지트처럼 강의 없는 시간에도 함께 머무르게 되고, 주말에는 자연스레 하루, 이틀을 하루 종일 같이 있게 되실 겁니다. 서로 밖에서 체험 데이트 비용도 들지 않고, 집에서 할 수 있는 것들을 많이 하게 될 것입니다. 마트에 함께 가서 칫솔이나 슬리퍼, 머그컵 등, 하나가 아닌 2개씩 장을 보는 것도 즐겁고, 함께 영화 보고 음악도 즐기며 요리도 해먹으며, 설거지도 해주며, 함께 샤워도 하며 거리낌 없는 신혼부부 놀이가 진행될 것입니다. 섹스가 주는 즐거움도 알게 되고, 이 남자와 진짜 결혼할 수 있을 것 같은 기대감과 만족감으로 가득 차며, '행복이라는 것이 이런 거구나' 하는 생각까지 들 수 있습니다.

이렇게 진행되어 진짜 결혼으로 이어지거나 행복한 결말로 이어지면 다행입니다만, 만약 헤어지면 데미지가 꽤 클 수 있다는 것이 문제입니다. 더 진행되면 반 동거 상태까지 되는데, 하나씩 놓고 간 남자의 소유물이 당신의 집에 하나 둘씩 쌓이게 되면, 남자의 집착도 함께 생길 수 있습니다. 진도가 이렇게 나가다 보면 여성분의 모든 것을 다 보여주게 됩니다. 남자도 마찬가지인데, 좋지 않은 언행이나 습관이 거슬리기 시작한다면 이별도 고려하셔야 합니다.

문제는 반 동거 상태까지 가게 되면 정이 들어서, 머리가 생각하는 이별과 달리 감정적으로 헤어지기 어렵습니다. 하지만 잘 맞지 않는다고 생각되어 이별한다면, 단칼에 모든 것을 끊어내듯이 헤어지셔야 합니다. 밀폐된 공간이기에 더 물러날 곳이 없어 한 번 싸우면 큰 싸움이 될 수 있고, 데이트 폭력으로 쉽게 이어질 수도 있습니다. 술을 여성분의 집에서 마시게 되는 상황이 많아지는 것도 문제가 될 수 있습니다. 남자분에게 집에서 나가라고 하거나 놀러오지 말라고 하면, 스킨십을 그만하자는 것이 되고 곧 헤어짐을 뜻하게 됩니다.

이런 것들이 남자의 화를 북돋우고 집착을 불러일으키게 됩니다. 그러면 생각지도 못한 피곤한 상황이 많이 발생할 수도 있습니다. 집이라는 것이 한 번 알게 되면 숨길 수도 없고 이사도 쉽지 않기 때문에, 어설프게 헤어짐을 말하거나 서로의 기분만 상하게 되면, 완전히 헤어지지도 못하고 더 좋아지지도 않는 '연애 매너리즘'에 빠지고 장기화될 수 있습니다. SNS 차단은 기본이며 이사를 가고, 새 남자친구가 생겨야 어느 정도 벗어날 수 있을 것입니다.

 팁 부부놀이 이후 헤어짐은 깔끔하지 못할 수 있다!

말 못 할 고민

누구나 한 번쯤!

RULE 01

다른 남자의 고백과
관심에 흔들려요!

'사랑은 움직이는 거야!', '골키퍼 있다고 공 안 들어가나!'라는 말을 들어보셨을 겁니다. 다른 사람에게 흔들릴 경우 많이 쓰는 표현입니다. 20대 여성분의 경우 남자친구가 있는데 다른 남자에게 끌리는 경우가 있을 수 있습니다. 20대 여자 대학생의 경우, 성인이 되고 처음 사귄 남자친구라서, 우연한 기회로 인해 교제가 시작되었거나 서로 호감으로 인한 것이 아닌, 주위의 권유나 분위기상 사귈 수도 있습니다. 아니면 그냥 심심한 것도 있고, 호기심으로 현재 남자친구가 단순히 잘해주며 고백해서 교제를 시작할 수도 있습니다. 이런 경우 잠자리 관계까지 가지 않은 교제 정도의 선에서 사귀고 있거나, 관계를 가졌더라도 보통 1~2번 정도의 유쾌하지 않은 경험이었을 수도 있습니다.

이런 상황에서 정말 마음에 드는 남자가 나타나면 흔들리는 게 당연할 수 있습니다. 현재 남자친구에게 미안한 생각도 들고, 남자친구가 비교되며 미워 보이기까지 할 수 있습니다. 미안해서 죄책감까지는 가질 필요가 없습니다. 남자친구도 당신이 모르는 무언가가 있을 수 있고, 다른 여자에게 눈길 한 번 줬을 수도 있습니다. 선택은 어디까지나 당신이 하는 것입니다. 새로운 멋진 남자가 당신에게 고백하며 과감하게 들이대는 상황이 생기면, 또 다른 교제라는 점에 흥미가 생깁니다.

가슴떨림이 느껴진다면 자연스레 남자친구와 이별 수속을 밟으며 쿨하게 헤어질 수도 있습니다. 새로운 남자가 당신에게 전혀 무관심하다는 것을 알게 되면 빨리 단념할 수도 있습니다.

하지만 문제는 당신의 마음이 그 남자를 볼 때마다 설렌다는 것입니다. 그 남자도 자꾸만 당신한테 잘해줍니다. 잊을 만하면 동아리나 동호회, 수업시간, 직장일로 일주일에 한 번씩 마주치게 됩니다. 또한 문자나 카톡으로 안부를 묻고 모임에서 당신을 챙기는 듯하기도 해서, 그 남자의 모든 언행이 자신에게 호감을 표시하는 시그널처럼 느껴질 수 있습니다. 남자친구와 함께 있는데 그 남자의 문자나 카톡이 올까 봐 신경 쓰이는 정도라면, 그 남자를 좋아하고 있는 것이 맞을 수 있습니다.

이럴 경우 혼자 전전긍긍하지 마시고, 상대 남성한테 직간접적으로 확인하시는 것이 가장 빠르고 속 시원할 겁니다. 헛다리 짚으면 조금 부끄러울 수도 있으니 농담처럼 "니 나한테 반했나?" 같은 직접 멘트로 뉘앙스를 확인해볼 수도 있고, 술자리를 이용해도 좋습니다. 고민 상담을 하는 척하며 간접적으로 알아볼 수 있는 방법이나 웃어넘길 수 있는 멘트를 생각해보시는 것도 좋겠습니다.

아직 결혼을 생각하는 만남이 아니고 양다리가 아니라면, 20대에는 마음이 시키는 대로 남자를 선택해서 교제를 해보는 것도 괜찮습니다. 절제도 너무 과하면 추후 결혼을 전제로 할 때, 이성이 감정을 통제하는 안타까운 상황이 발생하는 경우가 많습니다. 내가 차버리는 경우, 반대로 내가 차이는 경우의 이별도 하면서 느꼈던 많은 경험들이 감정으로 쌓인다면, 마지막 진국을 찾아 결혼이라는 선택에 분명 도움이 되실 겁니다.

 팁 마음이 움직인다면 감정에 맡겨본다!

썸남과 스킨십 진도를
나가도 괜찮은가요!

　요즘 흔하게 접하는 남녀 간의 용어 중에 단연 으뜸은 '썸'일 것입니다. 썸이란 '썸싱(Something)'의 준말로, 과거에는 남녀 간에 무슨 일이 있을 것 같다는 표현으로 '썸싱이 있냐'고 얘기하곤 했습니다. 요즘은 썸이라고 해서 10대부터 40대까지 널리 쓰고 있습니다. 그중 20대의 썸에 대해서 얘기해보겠습니다.

　20대 여성은 크게 반으로 나누어집니다. 바로 대학생과 직장인입니다. 연애 스타일도 달라지는데, 썸에 대한 생각은 완전히 다르답니다. 학생에서 직장인으로 넘어갈 때 연애 가치관도 직장인 메커니즘으로 바뀌어야 하는데, 학생 때의 생각을 그대로 갖고 가시는 분들의 경우 연애가 잘되지 않는 상황이 종종 발생합니다. 대학생들끼리의 썸은 언제든지 사귈 수 있는 모든 남녀관계를 얘기합니다. 카톡의 말 한마디도 신경 쓰이고, 자신한테 잘해주면 그린라이트라 생각하고, 주위에 도움을 요청하기도 하지만, 결국은 자신이 해석하고 싶은 대로 받아들이곤 합니다.

　아직 남녀 대학생이라면 연애 경험이 없거나 적다 보니 서투르기도 합니다. 참조할 수 있는 비교 대조군은 더더욱 없습니다. 그래서 진단하고 표준화하기가 어렵습니다. 썸 타는 사이에서 스킨십도 가능하고, 사귀지 않고 잠자리 관계를 가질 수도 있습니다. 관계 이후에 엔조이라면서 그걸로 끝이 나는 경우도 있고, 그것을 계기로 사귀기도 합니다.

하지만 직장인의 썸은 다르답니다. 물론 평균적으로 여자 대학생들보다 나이가 많고, 만나본 남자도 더 있을 것입니다. 그래서인지 직장인들은 썸이라고 하면, 사귀기 전 단계에 알아가는 사람이라고 생각하며, 스킨십은 손도 허락하지 않는 경우가 많습니다. 나쁜 손이라도 보이면 그걸로 그 남자와는 끝입니다. 썸 타는 사이에서 잠자리 관계는 어림도 없습니다. 직장인이 되면 경제력과 함께 책임이라는 것이 생기면서, 남자와 사귀는 것에도 연애 가치관이 하나 더 올라서게 됩니다.

하지만 연애 경험이 없거나 적은 여성분의 경우, 20대 여자 대학생에서 직장인이 되는 순간 썸에 대한 개념도 학생 때의 그대로 갖고 있어, 남자의 나쁜 손을 그대로 받아들이거나 잠자리 관계까지 가는 분들도 있습니다. 서로 좋아서라면 다행인데, 나쁜 남자를 만나 잠자리가 엔조이가 되어버린다면 데미지가 있습니다. 남자는 당연한 듯 '서로 즐긴 거 아니냐'가 되어버리고, 여성분은 관계를 가지면서 사귀는 사이가 되는 것이 기정사실인 줄 알았다고 생각할 수 있습니다. 30대 직장인 여성의 경우, 썸이라고 하면 썸일 뿐이랍니다. 사귀지 않는 사이에선 남자가 엄두도 못 낼 것입니다. 이렇듯 썸에 대한 생각조차 같은 20대라도 학생과 직장인은 다르답니다.

 팁 썸 타는 남자는 아직 남자친구가 아니다!

남자친구에게
다른 여자가 고백했어요!

남자친구가 인기남이라면 조금 신경 쓰일 수 있습니다. 물론 인기남이라는 것도 당신이 선택한 이유일 수 있습니다. 멀리서 남자친구가 다른 여성과 대화를 나누고 깔깔대며 서로 웃고 떠드는 모습을 보면, 신경 쓰이실 겁니다. 이때 즉석에서 폭발해서 현장에서 다짜고짜 따지기 시작하면 당신이 지는 싸움이 됩니다. 남자친구가 얘기 나눈 여성들이 전혀 상관없는 사람이라면, 당신이 넘겨짚어서 남자친구의 얼굴에 먹칠하거나 여러 사람을 불편하게 만들 수 있기 때문입니다. 당신이 남자친구에게 당연히 0순위라서 내 여자라고 말해주어야 하는데, 만에 하나 남자친구가 상황 모면을 위해 그냥 친구라거나 아는 사람이라고 소개한다면 꽤나 충격적일 수 있습니다.

남자친구가 모든 사람에게 친절하고 여자에게 특히 잘하는 유형이라면, 왠지 여자친구인 자신한테 가장 못 해주는 듯한 느낌을 받을 수도 있습니다. 20대 남자의 술자리는 늘 말썽의 원인이 되는 것 같습니다. 술자리에서 만난 남자친구라면 주의하실 필요도 있어 보입니다. 자연스레 남자친구가 당신을 의식하지 않고 클럽에 가거나, 헌팅 술집에서 자연스럽게 이성과 만나는 일이 발생할 수도 있습니다. 여자친구가 있음에도 살짝 스킨십 진도가 나가는 경우가 생길 수 있고, 술자리

게임을 통해 그런 상황이 만들어질 수도 있습니다. 그래서인지 술자리에서 만난 여자친구 입장에서는 자신이 그런 상황에서 만났기 때문에 늘 의심을 게을리하지 않기도 합니다.

이런 부분들이 신경 쓰인다면 남자친구에게 사귈 때 처음부터 몇 가지 약속을 하고 교제하시길 권장하여 드립니다. 일종의 서약서라고 볼 수 있는데요. 예를 들어 '클럽 출입하지 않기', '이성과 단둘이 술자리 갖지 않기', '이성과 술 마시는 자리가 생기면 나한테 얘기해주기' 등의 조건을 다는 것만으로도 꽤 효과를 보실 수 있습니다. 만약 남자친구가 어기거나 들키더라도 여성분께서 추후에 하실 말씀이 있게 됩니다.

또 다른 상황으로, 남자친구에게 새로운 여자가 생기거나 예쁜 후배가 대놓고 접근할 수도 있습니다. 남자친구가 알아서 정리를 해줘야 하는데 여자친구의 몫이 되면 피곤해집니다. 이 상황을 은근히 즐기고 있다면 당신을 많이 좋아하는 것 같지는 않으니, 한 번의 경고가 통하지 않으면 헤어짐도 생각해보셔야 합니다.

가장 큰 문제는 남자친구의 이기적인 생각입니다. 나름 자신이 괜찮다고 생각하는 20대 남자라면 여성과의 만남이 끊이지 않을 것 같은 상상을 할 수 있습니다. 잠자리 관계 이후 여자친구의 간섭이 더해지고, 연애에 흥미가 떨어진다고 느끼면, 더 이상 당신을 만날 이유가 없다고 생각할 수도 있습니다. 또한 소정의 목적을 달성했기에 다른 여성에게 관심을 가질 수 있습니다. 옛말에 '오는 여자 막지 않고, 가는 여자 잡지 않는다'는 우스갯소리도 있습니다. 사전 예방법이라면, 남자친구의 인기도에 따른 바람기를 한 번 확인해보시는 것도 좋은 방법입니다.

> 팁 인기남이라고 착각하는 남자는 가는 여자 잡지 않고, 오는 여자 막지 않는다!

나도 모르게
연하남에 관심이 갑니다!

요즘 20대들은 연상연하 커플도 많습니다. 대학생 입장에서는 여성분이 한 해 재수를 해서 동기인데, 알고 보니 연상연하가 되는 경우도 있고, 대학생들끼리는 생활 패턴이 비슷하기에 여성분이 나이가 더 많아도 이상할 것이 없습니다. 연하남을 선호하거나 실제 사귀고 있는 20대 여성분들에게 이유를 물어보면, 일단 외적인 이미지가 훈훈하다는 것이 가장 큰 장점입니다. 살짝 남자 아이돌 느낌도 나고, 키도 크고 늠름한 모습이 무엇보다 남자로 느껴진다는 것입니다. 대학생들끼리, 직장인들끼리 연상연하 커플은 서로 라이프 스타일에 대한 이해가 있어 큰 문제가 없어 보입니다.

하지만 직장인 여성과 남자 대학생의 연상연하 커플은 문제가 조금씩 발생할 수 있습니다. 우선 라이프 스타일이 다르고, 여성분은 남자 대학생의 생활을 경험해봤지만, 연하남은 연상의 직장인 여성의 라이프를 전혀 이해 못 할 수 있기 때문입니다. 이런 경우 직장인 여성이 연하남에게 삶에 대한 고민이나 직장의 스트레스 등을 상담이나 이해받으려 하기에는 무리가 있을 수 있습니다. 그래서 직장인 연상녀가 연하의 남자 대학생에게 마음이 가서 만나려 한다면, 한 번쯤 이런 부분도 고민해보고 사귀셔야 합니다.

주로 이런 상황의 만남은 일반적인 메커니즘인 소개팅이나 지인의 주선이 아니라, 클럽이나 나이트, 헌팅 술집 등에서 만나는 경우가 대부분입니다. 수컷의 향기가 가득한 훈훈한 비주얼의 연하 남성이 당신에게 호감을 표시하는데 흔들리지 않을 여성이 어디 있겠습니까마는, 단순히 술집에서 친구들과의 게임의 벌칙이라거나 우연한 합석으로 생길 수 있는 상황일 수도 있으며, 작정하고 들이대는 작업남들일 수도 있습니다. 여성분께서 마음의 여유까지 갖추고 있어 연애에만 집중할 수 있다면 모르겠지만, 더 시간적 여유와 인기가 많을 잘생긴 대학생 연하 남성이라면, 자신한테 묶어두기만 하는 데 한계가 있을 수도 있습니다.

한편, 연상녀만을 찾는 연하남들도 있습니다. 그 이유는 남자 입장에서 성숙하고 세련됨이 또래의 여성이나 대학생을 만났을 때와는 또다른 느낌을 주기 때문입니다. 우선 직장을 다니면서 기본적인 경제적인 개념이라고 해서 데이트 비용을 남자가 모두 부담하지 않을 것이라는 것을 알고, 패션에 있어서도 세련됨의 차이를 느낀다고 합니다. 또한 여성의 어려움을 무조건 해결해주거나 고민 상담 등 듣고 동의만 해주는 역할은 오빠라는 이유의 몫으로 피곤함이 있었지만, 연상녀는 자신의 얘기를 들어준다는 것도 꽤 큰 이유로 나타났습니다. 그래서인지 20대 중후반의 남성들한테 30대 초반의 여성도 매력적으로 다가올 수 있습니다.

 팁 당신이 직장인이라면, 남자 대학생과 진지한 연애는 글쎄!

첫 만남부터
저렴하게 보이는 게 싫어요!

여성들이 가장 싫어하는 것 중에 하나가 남자한테 저렴하게 보이는 것입니다. 한 사람의 인격체로서 여자친구가 될 수도 있는데, 자신이 성적 대상물로만 보인다는 것이 싫다는 얘기이기도 합니다. 선비문화를 중요시하는 대한민국에서 여자는 어릴 적부터 몸과 마음을 바로 해야 한다는 유교사상으로 인해, 치마를 입어도 다리를 오므려 앉아야 하고, 앉을 때도 치마를 한 번 신경 써야 한다는 것을 20년 동안 귀가 따갑게 들어 왔을 겁니다. 화장을 해도 티가 나지 않는 쌩얼(화장을 하지 않은 얼굴) 같은 화장이라고 해서, 투명 메이크업이 인기가 있을 정도입니다. 하지만 성인이 되어 대학에 진학하게 되면 짧은 치마도 마음껏 입고, 클럽에는 더 야시시한 의상과 화장을 하고 가기도 합니다. 그랬던 여성분들이 희한하게도 직장인이 되면 다시 치마 길이가 길어지고, 조신함을 잃지 않으려 하며, 여성스럽고 단정한 이미지만 보이려 애를 많이 쓰시는 것 같습니다. 20대 학생들의 만남 메커니즘은 워낙 다양하기에, 야시시한 모습으로 클럽에서 만나 사귈 수도 있고, 도서관에서 트레이닝복을 입고서도 고백을 받고 오늘부터 1일이 될 수 있습니다. 하물며 청바지를 입고 소개팅을 하기도 합니다.

그런데 직장인이 되면 남성을 만날 수 있는 상황이 한정되어 있고,

사회적인 역량을 안 볼 수 없다 보니, 신원이 확인될 수 있는 소개팅을 통한 만남이 대부분일 겁니다. 결혼정보회사의 커플 매니저들조차 "단정하고 여성스럽게 만남에 임하세요"라고 조언을 아끼지 않습니다. 치마가 짧고 화장이 진하면 룸이 있는 술집의 접대부를 연상하며 저렴하게 볼까 봐 전전긍긍하는 여성분들이 많습니다.

실제 가보지 않은 여성분들은 영화에서만 봐오는 룸이 있는 술집을 떠올리는 것 같은데, 보이는 의상은 '홀복'이라고 하는 의상이고, 간판이 있는 유흥업소의 경우, 술집에서 접대부로 일하는 여성들의 의상과 화장은 의외로 평범합니다. 그녀들의 귀를 빌려주며 경청해주고 술값 매상을 올리는 게 목적이지, 남자를 유혹하는 게 목적이 아니랍니다. 직장인들의 만남 메커니즘이라고 할 수 있는 소개팅에서 화장이 진하고 치마가 짧다고 해서, 당신을 저렴하게 보는 사람은 '1'도 없을 겁니다.

남자도 키 크고 옷을 잘 입으면 멋스럽습니다. 배 안 나오고, 머리숱 풍성하고, 적당한 잔 근육이 있으면 남성적인 매력이 느껴집니다. 이게 바로 성적 매력에 끌린다는 것입니다. 여성으로서 상체의 곡선미와 하체의 매끈하고 늘씬함을 보여주는 것이 여성적인 매력을 어필하는 것이랍니다. 당신의 얼굴만으로 연예인 급의 출중한 외모라면, 어떤 옷을 입고 나가도 상관없을 겁니다.

하지만 대부분이 그렇지 않습니다. 소개팅이라는 보이지 않는 경쟁에서 누가 봐도 괜찮은 호감 가는 남자를 내 남자친구로 빨리 만들고 싶다면, 조금은 튀어 보이라는 말씀을 드리고 싶습니다. 소개팅에서 사귀기까지 4번 정도면 충분합니다. 당신의 여성적인 매력에 매료되어 고백해서 사귀게 되지만, 사귀고 나면 남자친구가 당신의 의상 단속에 나서게 될 것이고, 짧은 치마는 당분간 못 입게 될 수도 있습니다.

> 💬 **팁** 진짜 저렴해 보이는 것은 깨는 듯한 말과 행동이지 의상과 화장이 아니다!

무조건 희생하는
싼마이 연애는 하지 마라!

요즘 20대들에게는 누가 먼저 고백하고 더 호감이 있는지가 크게 중요하지 않습니다. 하지만 아직도 많은 분들이 남자가 더 호감을 갖고 먼저 고백하는 것을 교제의 정석이라고 얘기합니다. 남자친구의 적극적인 대시와 정성으로 여성분이 허락하시면 교제가 시작되고, 서로 믿음이 생겨 잠자리 관계를 갖는 연애 단계에 들어가면, 여성분이 남자친구를 더 좋아하게 되는 경우가 많고, 남성에게 선택권이 생기게 됩니다. 잠자리 관계 이후에도 남자친구가 여성분을 더 좋아하게 유지하는 것이 연애의 키 포인트라고 볼 수 있습니다.

간혹 20대 여성분의 경우 일명 '싼마이 연애'를 하시는 분들도 있습니다. 싼마이는 일본 가부키 극장 공연에서 3번째 장의 조연배우를 뜻하는 말인데, 우리나라에서 '싸구려, 하잘것없는'이란 뜻으로 쓰이기도 합니다. 남자친구를 많이 좋아하는 마음에 자신이 조연배우인지 모르고 희생하는 연애를 말합니다. 남자친구는 자신의 기준에서 이목구비가 잘생겼고 키가 큽니다. 남자는 게임하는 데 시간을 많이 보내기도 하고, 일확천금을 노리는 걸로 보아 비전 없어 보이며, 특별히 하는 일이 없기도 합니다. 여자친구는 남자가 원하는 것을 사주거나 해주기 위해 아르바이트나 일을 하는 경우가 많고, 대출을 하거나 돈을 빌려주기도 하며, 반 동거 형식으로 여성의 집에서 살다시피 하는 경우도 많습니다. 아무리 힘이 들어도 남자친구의 사진만 보면 힘이 나고, 주위 사람들에게 잘생겼다며 자랑하고 피드백 받는 것이 유일한 낙입니다.

이런 상황에서는 주위에서 아무리 얘기해줘도 들리지 않고, 남자친구 흉을 보기라도 하면 화를 내기도 합니다. 오히려 남자친구가 자신의 말을 잘 듣고, 애완동물을 키운다는 생각을 가지기도 합니다. 맛있는 것을 요리해줘서 먹이기도 하며, 옷을 사주고 입혔는데 잘 어울리는 것을 보고 좋아하기도 합니다.

이런 연애에 빠지게 되는 가장 큰 원인은 자기가 호감을 갖고 잘생겼다고 생각하는 남자와 사귀게 되었고, 잠자리 관계를 가진 후 연애에서 열정의 단계로 접어들어, 육정이 강하게 들어서인 경우가 많습니다. 남자친구 입장에서도 전혀 손해 볼 게 없고, 금전적으로 도움도 되는 상황이라 계속 유지할 수 있으며, 다른 여자를 만나도 현 여자친구와 헤어지지 않는 경우가 많습니다.

심한 경우 자신이 세컨드인 조연이어도 좋으니까 계속 만나자는 여성분도 있습니다. 특히 20대 초반에 잘못된 연애 가치관으로 인해 이런 연애를 시작하게 되어 감정이 너무 깊어지면, 이성적으로 제어가 되지 않는 상황까지 가게 되고, 그러면 그 이후는 너무 어렵고 답이 없습니다.

 팁 사랑을 주는 여자보다 받는 여자가 되는 것이 현명할지도!

의심이 가는데
스마트폰을 보는 게 좋을까요!

스마트폰이라는 것이 유용한 도구이지만, 서로 사귀는 사이에서는 싸움의 원흉이 되기도 합니다. 스마트폰을 확인해보면 남자의 거짓말 확인 여부를 바로 알 수 있을 것입니다. 물론 반대로 여성분의 스마트폰을 남성분께서 확인하신다면, 생각지도 못한 상황에 당황스러울 수도 있을 것입니다. 스마트폰은 사람과 한몸이라고 보서도 무방합니다. 요즘은 웬만한 SNS는 스마트폰으로 연결해서 사용하기에 상대의 일거수일투족을 확인 가능하며, 그가 무슨 생각을 하고 있는지도 바로 알 수 있습니다.

이제 서로 사귀는 사이가 되면 상대의 스마트폰 세계가 궁금해지기 시작합니다. 먼저 오픈하자고 말하기도 그렇고, 반대로 요구를 받더라도 조금은 불편할 수 있습니다. 물론 이성관계가 깔끔하고 아니고를 떠나서, 어느 정도 서로의 프라이버시라는 것이 있기 때문에, 보여준다는 것 자체가 피곤할 수 있습니다. 지금까지 수많은 사람들을 상담하면서 알게 된 가장 좋은 방법은, 서로 보여주지 않되, 원하면 언제든지 보여주겠다는 믿음을 갖는 것입니다. 그것이 가장 현명한 것 같습니다.

보여준다고 서로 의심하지 않을 것 같지만, 서로 스마트폰을 확인하는 순간부터 일이 벌어집니다. 소심한 남자친구라면 잠금 장치를 시작으로 연락처에 있는 남자 번호를 다 확인하여, 이 남자는 누구고 어떤 사이이며, 저 남자는 뭐하는 사람이냐고 청문회가 시작됩니다. 카톡을 확인하며 잘생긴 남자의 프로필 사진이 있는지, 주고받은 메시지를 다 확인할 겁니다. 차라리 서로 보지 않은 것만 못하게 되어버립니다.

그렇게 한바탕 점검이 끝나더라도 이후 카톡이나 문자, 전화벨만 울려도 그 녀석 아니냐며, 집요하게 물어보기도 합니다. 친한 남자사람친구나 선후배라고 해도, 사귀고 있는 남자친구는 거슬리고 신경 쓰이기 시작합니다. 반대로 당신도 남자친구의 스마트폰을 보게 되면 똑같이 점검을 하게 되고, 예쁜 여자사람친구나 후배의 카톡 메시지 등을 보게 되면 신경 안 쓸 수가 없습니다.

남자친구가 바람을 피거나 유흥업소에 간다거나 양다리를 걸치는 등의 거짓말을 어떻게 확인했느냐고 물어보면, 스마트폰으로 확인했다는 대답이 대부분입니다. 그렇다면 스마트폰의 내용을 어떻게 확인할 수 있었는지 물어보았더니, 남자친구가 스마트폰을 잃어버리거나 어떤 가게에 두고 오거나 택시에 두고 내렸을 때, 여자친구가 대신 찾으러 가게 되어 남자친구의 스마트폰 내용을 보게 되는 경우가 많았습니다. 찾아주시는 분 입장에서 남자친구의 스마트폰에 가장 많이 전화를 건 여자친구의 통화기록이나 0번을 누르면 바로 여자친구라는 것을 알게 되고 전달이 됩니다.

또한 같이 있으면서도 확인이 되는데, 상대의 스마트폰을 충전시켜준다고 카페나 음식점 등에 맡길 때나 찾으러 갈 때, 그 찰나의 순간에 상대의 스마트폰을 스캔한다는 것입니다. 이렇게까지 확인하고 싶을까 하는 생각입니다만, 안 보면 궁금한 게 사람의 심리입니다. 지금의 20대들에게 스마트폰은 불가분의 관계이다 보니, 남자친구를 사귀는 시점에 SNS 청소를 한 번 하실 것을 권장합니다. 말도 안 되는 것을 트집 잡고 시비를 가려야 하는 피곤한 상황을 미리 막고자 한다면, 오해가 될 만하다고 판단되는 메시지는 받는 순간 바로바로 삭제하시는 것도 방법입니다.

 팁 남자친구와 신뢰가 쌓이기 전이라면 SNS를 청소해둔다!

남자친구의
거짓말을 알게 되었다면!

'남자친구가 거짓말을 하는 것 같습니다'라는 말을 잘 들여다보면, 가정을 하고 있습니다. 물론 남자가 거짓말을 한 번 시작하면 자꾸만 불어나게 되고, 체계적이지 않은 밑도 끝도 없는 말로 일관하게 됩니다. 요령이 없거나 거짓말에 익숙하지 않은 남자라면 바로 탄로 나기도 합니다. 여자의 촉이라고 하는 감각은 상당히 정확성을 갖고 있지만, 팩트는 아닙니다. 그래서 끝없이 추궁하고 코너에 몰면 순순히 거짓 상황을 고백하는 남성도 있습니다. 하지만 끝까지 아니라고 우기는 남자들도 많습니다. 이럴 경우 목소리만 서로 높이고, 사이만 틀어지게 될 겁니다. 추궁할 때는 심증만으로 화부터 내거나 따지려 하지 마시고, 물증을 확보한 이후에 하셔야 합니다. 물증이 확보되지 않으면 평소처럼 하되 스마트폰 등을 자연스레 확인해보시길 바랍니다. 물증이 확인되면 그다음은 여성분의 선택에 달려 있습니다. 헤어질 마음이 있는지 없는지 결정하셔야 합니다.

남자친구와 연애의 단계를 넘어 잠자리 관계까지 진도가 나간 열애의 단계에 있다면, 헤어짐이 쉽지 않을 것입니다. 최근 남자친구와의 관계가 어떤지 확인부터 해보시길 바랍니다. 서로 서운하거나 뜸한 경우라면, 최악의 경우 남자친구가 다른 여자가 있다는 상황을 들키고 나서 헤어지자고 말할 수도 있습니다. 헤어질 마음이 없다면 그냥 알고 넘어가시는 것도 방법일 수 있습니다.

자, 그러면 남자는 왜 거짓말을 하는 걸까요? 그리고 당신은 어떤 사실을 알고 싶은가요? 답은 너도 나도 다 알고 있듯이 '다른 여자를 만났는지'입니다. 유흥업소 출입도 같은 맥락으로 보셔도 되겠습니다. 여성분께서 할 수 있는 범위 내에서 아닌 것이 확인되면 안도의 한숨을 내시겠지만, 만약 다른 여자가 있다는 것을 알게 되면 어떻게 하실 건가요?

한 번은 그럴 수 있다며 남성분께서 용서를 빌며 다시는 그러지 않겠다고 약속하면 그냥 넘길 수도 있습니다. 문제는 당신의 바람과 달리, 다른 여자가 있다는 것이 확인되자 남자친구가 당신이 아닌 그 여자를 선택하며 헤어지자고 할 수도 있습니다. 적반하장도 유분수지, 남자친구가 싹싹 빌어도 모자랄 판에, 오히려 당신이 매달려야 하는 상황이 될 수도 있습니다. 그래서 추궁할 때는 헤어짐의 상황도 고려하셔야 합니다. 여성의 입장에서 남자가 거짓말을 하느냐 안 하느냐를 아는 것이 중요한 것이 아닙니다. 왜 거짓말을 했는지 확인하고 후속 대책을 세우는 것이 맞을 겁니다.

역으로 더 잘해줘 보기도 하고, 데이트 방식이나 스킨십에 변화를 주는 것도 좋습니다. 이런 노력에도 남자친구가 계속 의심이 가는 말과 행동을 보이고, 또 한 번 다른 여성의 흔적이 보인다면 과감하게 들추어내고, 헤어짐이 아프더라도 감안하시길 바랍니다.

 팁 '아임 쏘 소리 벗 아이 러브 유' 다 거짓말! 모어 모어!

과거의 남자친구 또는
여사친의 남친과 비교돼요!

남자친구가 여자친구들의 남자친구와 자꾸 비교될 때마다 내 남자친구가 더 작아 보이고 못나 보이기까지 합니다. 인식하지 않으려 해도 여자사람친구들이 틈만 나면 자신들의 남자친구 자랑을 하기 시작합니다. 남자친구의 능력은 자신의 능력처럼 보이기 때문인데, 일종의 허세라고 보서도 좋습니다. 친구가 잘난 척하는 것 같아 싫고, 친구의 남자친구에 관한 자랑이 팩트라면 이상하게도 기분이 썩 좋지만은 않습니다.

자신보다 여러 가지 면에서 못하다고 생각한 여자사람친구가 내 남자친구보다 더 잘생기고 능력도 좋다면, 세상이 무언가 불공평해보이고 잘못된 것 같다는 생각이 들 수도 있습니다. 추후 여자사람친구가 내 남자친구보다 더 능력이 좋은 남자랑 결혼이라도 하는 날에는, 어디서 그런 좋은 남자를 만났는지 궁금하기도 하지만, 물어보기에 자존심도 상하고, 친구의 결혼식은 가고 싶지도 않으며, 이불 킥만으로 해결되지 않을 겁니다.

카톡 배경사진이나 페이스북, 인스타그램에는 남자친구와의 데이트를 실시간 업데이트하기도 합니다. 남자친구와 맛집 방문, 값 비싼 스테이크나 음식, 호텔 방문, 좋은 곳으로의 여행은 꼭 올리게 됩니다.

남자친구에게 값비싼 선물이나 가방이라도 받는다면, 여자친구들의 만남에 꼭 갖고 나와서 자랑을 하게 됩니다. 남자친구 자랑은 여기서 끝나지 않고, 여자친구들끼리 모여 있을 때 각 남자친구들이 실시간 연락을 해오면, 자신을 너무 좋아한다며 귀찮은 듯 받는 둥 마는 둥 하는 뉘앙스를 내기도 합니다.

물론 이런 상황이 계속되면 속상한 마음은 이해합니다만, 내가 선택한 남자친구입니다. 사람들마다 가치관이 다르기에 다른 사람의 시선이 신경 쓰이고 남자친구가 자꾸 비교되어 좋아 보이지 않는다면, 헤어지고 자신이 원하는 사회적인 역량을 가진 남성을 만나시면 간단해집니다. 헤어지기는 그렇고 남자친구가 바뀌기를 바라는 것은 욕심일 뿐입니다.

또 다른 상황은 과거의 남자친구와 비교하는 것입니다. 바로 앞의 남자친구는 키가 많이 컸다거나 서울시 내 중위권 대학이었는데, 지금 썸 타는 남자는 키가 작고 학력이나 학벌이 앞에 만난 남자친구보다 약하다고 생각되면, 사귀는 것이 망설여질 수 있습니다. '연애 베버의 법칙'이라고 해서, 앞에 만난 남자(자극)보다 더 사회적 역량이 있는(더 센 자극) 남자를 만나야 만족감이 드는 것을 말합니다.

20대 대학생의 경우, 남자친구를 선택할 때 아직까지 사회적인 스펙보다 남자의 외적 이미지를 더 많이 고려하는 것 같습니다. 20대 여자 직장인의 경우, 아직은 자신이 20대이며 예쁘다고 생각하는 분들이 많습니다. 결혼정보 시장에서의 관점이라면, 키 크고 잘생긴 '사'자 전문직 군의 남성을 일찍 사귀어봤다면, 이후에는 그 정도가 되어야 내 남자친구로서의 자격이 되는 것 같고 사귈 수 있을 것 같습니다.

하지만 그들도 20대라는 조금은 순수한 어린 나이의 불장난이었을 수도 있습니다. 어찌되었건 그들도 당신을 배우자로 최종 선택을 하지 않았고, 또한 '여성도 선택을 받는 입장이 된다'는 것을 잊으시면 안 됩니다. 남자의 사회적인 역량도 무시할 수 없지만, 아직 20대라면 나와 정말 잘 맞는 사람이 어떤 사람인지 아는 것이 우선입니다. 마음의 소리에 귀를 기울여 보시길 바랍니다.

팁 보여주기용은 아니지만, 마음에 자꾸 걸린다면 바꿔보는 것도!

음성적인 업소에
가는 걸 알게 되었다면!

여성분들이 궁금해 하시는 정보는 유흥업소가 아닌 음성적이고 퇴폐적인 곳을 생각하실 것 같은데, 주로 온라인상으로 이루어지고, 말 그대로 업소라는 곳도 간판이 눈에 보이지 않으며 너무나도 다양합니다. 심증은 가는데 물증이 없다면 의심 많은 여자가 됩니다. 남자친구에게서 결정적인 증거를 잡지 못하면 추궁하기도 어렵습니다. 마사지 업소라는 곳은 진짜 스포츠 마사지를 하는 곳도 많으니, 전화를 한 번 해보시면 바로 알 수 있으실 겁니다. 다만 오랜 시간 많은 여성분들이 공통적으로 알아냈던 부분을 몇 가지 말씀드리도록 하겠습니다.

우선, 스마트 폰(연락처 목록 및 카드 결제내역)을 보자고 하는데 놀라거나 펄쩍 뛴다면 한 번쯤 의심해볼 수도 있습니다. 20대 초중반, 또는 카드가 없는 남자, 진짜 고수들은 현금 결제만 한다고 합니다. 다른 곳에 스마트폰을 놓고 오거나 충전을 여자친구에게 맡길 경우, 폰을 잠금 상태로 놓지 않으면 확인해볼 수도 있습니다. 연락처 목록에 들어가서 의심이 가는 가게나 독특한 여자의 이름이 있으면 남자친구의 스마트폰으로 전화를 해보셔야 그 업소에서 받을 겁니다. 재빨리 스캔하여 다른 폰으로 연락할 경우, 웬만해선 그런 업체라면 전화를 받지 않을 거라고 합니다.

또 다른 결정적일 수 있는 부분은 당신과의 스킨십이 줄거나 하지 않는다는 것입니다. 잠자리까지 함께 했는데 어느 순간부터 더 이상 시도가 없거나 스킨십을 거부하고 귀찮아하며 피곤해한다면, 무언가 문제가 있다고 보셔야 할 것입니다. 또한 평일 저녁 갑작스런 약속이 생겼다며 당신과의 만남을 취소한다거나, 회식이나 야근이 잦아져서 만남을 피하는 것 같다는 느낌이 든다면, 한 번쯤 고려해보셔야 합니다.

남자친구가 유흥업소나 음성적인 곳에 간 것을 들켰는데 적반하장으로 나오는 경우가 더 문제가 됩니다. 다들 하나같이 "네가 생각하는 그런 곳이 아니야"라는 공통된 답변이 나오는 것 같습니다. 그런 곳에 가는 남자친구는 분명 여자친구에게 미안한 행동을 했고, 잘못된 연애 가치관을 갖고 있다는 것입니다.

하지만 안타까운 것은 여자친구의 성적 매력이 더 이상 남자친구에게 어필하지 못한다는 부분입니다. 이미 여자친구를 소중한 여자로 보지 않고 있다는 것입니다. 귓방망이를 날려도 모지랄 판이고 남자친구가 무릎 끊고 싹싹 빌면 용서를 해줄까 말까 고민인데, 오히려 적반하장으로 남자친구가 당당하게 헤어지자고 나오면 충격 받을 수 있습니다. 그런 남자를 사랑이라는 이름으로 헤어지지 못하고 오히려 매달리는 상황은 없길 바랍니다. 더 이상 만남을 지속할 이유가 없습니다. 두 번 다시는 그런 곳에 안 간다고 용서를 빌어도 받아주면 안 됩니다. 또 같은 일이 반복될 수 있습니다.

연애 가치관은 자신이 연애를 하면서 갖는 행복의 기준입니다. 이미 잘못된 가치관이 정립되어버리면 짧은 시간 내 쉽게 바꾸기 어렵습니다. 세상에 남자는 많습니다. 굳이 당신이 그런 남자를 만나며 감정 소비를 하실 필요가 없습니다.

 팁 남자가 스킨십을 거부한다면 이유를 확인해보자!

6장

첫 번째 연애 가치관

교제(스킨십 이전)

첫 번째 남자친구가 중요한 이유!

성인이 되고 처음으로 사귀는 공식 남자친구라는 것 자체로도 의미가 있습니다. 하지만 첫 번째 남자친구가 중요한 이유는 당신이 성인으로서 갖게 되는 가치관 형성에 많은 영향을 미칠 수 있기 때문입니다. 20년 이상 갇혀 있던 교육제도와 함께 이제 더 이상 부모님의 간섭을 받고 싶지도 않고, 조금씩 거리감을 갖게 될 것입니다. 또한 타지의 대학에 가게 된다면 의지할 사람도 없습니다. 직장인이 되면 직장에서 가장 많은 시간을 보내겠지만, 대학생이 되어 남자친구가 생기면 수업시간을 제외한 모든 일정과 시간이 남자친구에서 시작되어 남자친구로 끝나고 있음을 알게 될 겁니다.

요즘은 SNS의 발달로 인해 몸이 떨어져 있어도 함께 있는 것 같고, 실시간 카톡으로 인해 모든 것을 공유하게 될 겁니다. 그래서 첫 번째 남자친구는 이왕이면 스마트하고 올바른 가치관을 갖고 있는 분을 만나실 것을 권장하여 드립니다. 성인이 되고 나서 가장 영향을 많이 주는 사람이 남자친구가 될 것입니다.

이 시기에 남녀 사이의 교제만 하는 것이 아니라, 앞으로 살아가는데 경제, 정치, 문화적인 사회 현상까지 받아들이고 이해하는 법을 배워나가야 합니다. 부모님은 20년 이상을 함께해오면서 이미 익숙해져 있고, 성인이 된 이후 당신의 삶에서 행복의 기준이 되는 가치관을 만들어가는 시기에 남자친구만큼 당신의 생각에 강하게 들어오는 존재는 없을 것입니다. 아직까지 세상에 대해 모르는 부분이 더 많다 보니, 이 또한 남자친구의 영향을 많이 받게 됩니다. 연애로 가는 스킨십만 남자친구에게서 배우는 것이 아니라, 사회를 바라보는 시각과 견문도 둘이 비슷해질 겁니다. 분위기에 휩쓸려서, 잘생겨서, 키가 크다거나 단순히 호감이 가서 만나는 것이 좋지 않다는 것은 아닙니다. 꽃다운 나이에 불타는 사랑과 이별의 아픔을 경험해봐야 하겠습니다만, 이왕이면 다홍치마라고, 당신이 만나는 첫 번째 남자친구는 외적인 이미지도 좋고, 하나라도 더 배울 점이 있는 멋진 남자였으면 좋겠습니다.

앞에서도 말씀드렸지만, 성인이 되고 처음 만난 남자친구와의 스킨십 진도가 잠자리까지 나가지 않은, 교제하는 정도의 만남이라면, 가치관이 다르다고 생각될 경우 헤어지고 또 다른 남자친구를 만나보시는 것도 괜찮습니다. 굳이 잘 맞지 않는데 의리로 붙들고 있을 이유가 없습니다. 오히려 남자친구의 올바르지 못한 가치관이나 연애 방식이 당신을 쉽게 물들일 수 있을 것입니다. 대학생이라면 조금만 뒤에 서서 좋은 남자를 만나기 위한 기회와 함께 노력해보면, 꽤 멋진 남자들이 주위에 많이 있을 것입니다.

 팁 유유상종, 삶의 가치관이 형성되는 시기임을 잊지 말자!

첫 연애가 앞으로
모든 연애를 결정한다!

　우리가 흔히 성인이 된다고 하면 만19세 이상을 말하는데, 이땐 진로에 대해서도 결정하게 됩니다. 보통은 수능이라는 시험을 보고 대학에 진학하거나 바로 취업하기도 합니다. 이제 남녀 간의 만남에도 본인의 선택과 동시에 성적 자기 결정권을 갖게 되어, 내 몸과 마음에 대해서도 책임을 져야 합니다. 20년 동안 짓눌러온 고등교육에서 벗어난 해방감과 동시에 '멋도 부리고, 예쁜 옷도 사 입으며, 술도 마실 수 있고, 미팅, 소개팅과 함께 연애도 실컷 해야지' 하는 생각을 갖게 됩니다. 모든 것이 새로운 환경입니다.

　대학에 진학을 한다면 주거 형태도 바뀔 수 있고, 취업도 어렵다는데 남자친구를 사귀어도 되는 건지, 학업에 더 열을 올려야 하는 건지에 대한 고민도 커집니다. 부모님의 간섭과 입장에서 오는 가정환경도 연애 가치관을 형성하는 데 많은 영향을 미칩니다. 성인이 되어 막상 호감 가는 남자를 만나게 되더라도 어느 정도의 스킨십 수위를 지켜야 할지, 교제와 연애의 차이에서 혼란이 오기도 합니다.

　또한 지금까지 20년간 주입식 교육을 통해 배우고 받아들이는 것에만 익숙해져 있다 보니, 호감이 가는 남자를 만나도 내가 이 남자를 정말 좋아하는지 사랑하는지, 내 마음을 나도 모를 수 있습니다. 사귀어도 되는 건지, 썸인지 똥인지 구분이 안 가기도 합니다. 오늘부터 1일이라고 해서 남자친구와 사귀기로는 했는데, 예고 없이 들어오는 스킨십 진도에 따른 반응을 어떻게 해야 하는지, 오만 가지 생각이 들기 시작할 수 있습니다. 또한 감정처리는 어떻게 해야 하는지 알 길이 없으며, 임신에 대한 두려움도 무시할 수 없습니다. 남녀 간의 만남과 감정처리, 스킨십은 연습 없는 실전만 있을 뿐, 단 한 번도 제대로 배워본 적이 없기에 여러 가지 상황에 당황스러울 수밖에 없습니다.

성인이 되면서 여성들은 보통 대학생에서 직장인으로 라이프 스타일이 옮겨가게 되는데, 그에 따른 남녀의 만남에서 행복의 기준이 되는 연애 가치관이 2~3번 정도 바뀔 수 있습니다. 성인이 되고 나서 처음 사귀게 되는 남자친구가 연애를 바라보는 관점의 기준이 되어버립니다. 누구를 어떻게 만나서 어떤 사랑을 나누느냐에 따라 당신의 전체적인 연애 가치관이라는 틀이 결정되며, 헤어지고 나서 다음 사람을 만나는 데에도 절대적인 기준이 되기도 합니다. 연애 가치관이 조금씩 변화하고 달라질 수는 있으나 한 번 정립되면 잘 바뀌지 않고, 바뀌더라도 시간이 많이 걸립니다. 20대에 만들어지는 연애 가치관이 당신의 배우자를 결정하게 될 수 있고, 여자의 인생을 송두리째 바꿀 수도 있으니 정말 중요합니다.

우리는 연애라는 것을 온전히 남자친구를 통해서만 경험하고 배우는 것이 전부입니다. 주위의 친구나 지인도 어디까지나 얼마 되지 않는 자신의 경험들만 얘기하기 때문에, 정보로 활용하기에는 부족할 수 있습니다. 성인이 되기 전은 물론 대학에서조차 단 한 번도 제대로 연애에 대해서 배워본 적이 없습니다. 그래서 이 책은 먼저 20대를 경험한 선배로서, 20대를 구성하고 있는 대학생들과 직장인들의 수많은 연애상담과 자체적인 연구조사를 통해, 20대 여성들의 행복한 연애를 위해 최대한 도움을 드리고자 합니다.

성인이 되고 나서 첫 연애부터가 당신이 앞으로 만날 남자친구 및 배우자의 기준이 된다는 점을 알고 조금만 신경 써서 만남을 진행한다면, 앞으로 행복한 연애, 멋진 남자친구, 배우자를 만나실 수 있을 것입니다.

 팁 20대의 첫 번째 연애는 한 번만 더 고민해서!

RULE 03: 연애 구분

'교제 → 연애 → 열애'

'당신은 교제, 연애, 열애의 차이를 알고 있습니까?'

중고등학교 학생들이 남녀 간에 사귄다고 할 때 보통 교제를 한다고 말하지, 연애나 열애를 한다고 말하지 않습니다. 그런데 성인들은 이 표현들을 섞어서 쓰고 있습니다. 연예인들이 스캔들이 터지면 열애설이라고 하지, 연애설이나 교제설이라고는 하지 않습니다. 또한 한 번쯤 사귀는 관계를 물어볼 때 '너희 교제하니?', '요즘 연애하니?'라고 합니다. 물어보는 표현 또한 제각각인 것입니다. 성인이 된 지금 우리는 한 번쯤 이러한 표현에 대해서도 분명히 하고 넘어갈 필요가 있습니다. 성인이 되어 남녀 사이에 사귄다고 할 때는 호감이라는 감정뿐만 아니라 스킨십도 중요한 부분이기 때문입니다. 우선, 교제, 연애, 열애에 대한 사전적인 의미를 한 번 살펴보도록 하겠습니다.

1) 교제(交際) - 서로 사귀어 가까이 지냄. Date, Relationship.
2) 연애(戀愛) - 남녀가 서로 그리워하고 사랑함. 인간의 육체적 기초 위에 꽃피는 자연스러운 애정. Love.
3) 열애(熱愛) - 열렬히 사랑함. Passionate love.

사람들마다 생각은 다르겠지만, '연애한다'라는 기준에 대해 많은 연애 전문가들과 오랜 토의를 해온 저자는 수많은 사람들을 상담하고 연구한 결과, 성인이 되어 처음 사귀기 시작하는 남녀 사이에서 여성들에게는 '서로 좋아하는 마음을 갖고 사귄 지 100일, 잠자리 관계 1회'라는 기준을 적용하고 있습니다. 오늘부터 우리 1일이라고 약속하면, 그것으로 정식 교제 시작입니다. 아무리 오랜 기간 사귀었다고 해도 스킨십 범위가 키스까지라면, 그건 연애를 한 것이 아니라 교제만 했다고 봐야 합니다. 20대 초반의 교제 경험이 많지 않은 여성분은 느꼈던 경험이 많지 않아, 연애감정에 대한 정의가 정립되어 있지 않은 분들도 많습니다. 그래서 남자친구가 아닌 어떤 남자라도 여성분께 고백과 손잡기, 포옹, 키스로도 심장이 뛰고 설렐 수 있는 것은 처음 느껴본 경험으로 인한 호기심과 떨림일 수 있습니다. 또한 육체적인 터치는 사람을 기분 좋게 만들기 때문에, 스킨십을 함으로 인해 기분 좋아진 느낌을 가지고 이 남자를 좋아하고 있다고 착각할 수도 있습니다. 그래서 교제를 시작하더라도 서로 호감을 갖고 신뢰를 쌓을 수 있는 100일 정도의 시간을 두고 살펴볼 필요가 있습니다.

연애는 교제와 달리 사귀고 나서 잠자리 관계를 가진 이상의 사귐이라고 봐야 합니다. 이걸 혼동해서 '원나잇' 만남을 연애라고 보시면 안 됩니다. 서로 진심으로 호감을 갖고 사귀는 사이에서 잠자리 관계로 이어지는 것이 아니기 때문입니다. 요즘은 어느 정도의 오묘한 감정의 기류로 인한 썸을 타다가 섹스를 먼저 하고 사귀게 되는 경우도 많은데, 이후 짧은 기간 내 헤어지게 되면 문제가 되기도 합니다. 남자는 별 영향을 받지 않는데, 여성의 입장에서는 몸과 마음의 상처를 어느 정도 받을 수 있기 때문입니다.

그래서 사귀는 기한이 100일이 넘고, 1회 이상 잠자리 관계가 있으면 연애한다고 할 수 있겠습니다. 100일이라고 말씀드리는 이유는 연애가 처음이고 어려운 여자라도 남자의 진심을 확인하는 데 3개월 정도면 충분하고, 100일이라는 기준점을 이용할 수 있기 때문입니다. 또한 서로 신뢰를 쌓고 정이 들 수 있는 기간입니다. 사귄 지 100일 이상이고 서로가 원하면 언제든 스킨십을 나눌 수 있는 사이의 관계라면, 열애의 단계에 이른 것이랍니다.

팁 '교제→연애→열애'의 순서로 진행하고, 그 차이를 분명히 안다!

체험하는 대학생 프리미엄을 누려라!

대학에 진학하면 처음으로 치르게 되는 중간고사가 끝날 때까지는 학교생활에 적응하기 바쁩니다. 이 기간 내 교제하는 남녀들은 대학 입학과 동시에 이성을 만나는 미팅을 목표로 했거나 오티 때 만난 남녀, 고등학교 때부터 만나온 남자인 경우가 많습니다. 또한 남녀공학 고등학교를 나와서 남자사람친구가 어색하지 않거나, 살고 있는 지역 일대의 대학으로 이어지는 경우에 친구들이 많다 보니 미팅 주선도 서로 하게 되고, 외향적인 성향이라면 대학교 내에서도 아는 사람이 상대적으로 많을 수도 있습니다. 이때 같은 새내기들 간의 사귐은 하얀 도화지 위에 그림을 그려가듯이, 함께하는 시간이 마냥 좋은 아직은 순수한 커플들이기도 합니다.

연애 스타일은 주로 교제를 하는 정도인데, 스킨십 진도가 나가기보다는 중고등학교 시절보다 자유로운 외출 빈도와 체험거리를 더 해볼 수 있는 정도가 많습니다. 특히 중고등학교에 남자친구와의 교제를 해보지 않고 대학 진학 후 같은 학년의 남자와 사귀게 될 경우, 이런 스타일로 만남이 시작됩니다. 즉, 대학 진학 후 사귀는 남자와 스킨십 진도 없이 행복함을 느끼게 되는 교제이고, 바로 '첫 번째 연애 가치관'이 형성되는 시기입니다. 조금은 서툴고 어색하고 서먹함이 많이 느껴지지만, 아직 스킨십 진도 없이 만남을 하더라도 즐겁고 행복할 수 있습니다.

이때의 커플들은 대학 오티 및 엠티에서 만나는 같은 학교 학과 커플이 많고, 그 외에는 술자리에서 자연스레 성격이 맞아서 사귀게 되는 경우가 많습니다. 그런데 남자친구의 외적 이미지나 스펙 등을 크게 고려하지 않고, 남자친구의 뜬금없는 고백에 많은 망설임 없이 '그래, 한 번 사귀어 보자!'라는 답과 함께 시작하는 경우가 많습니다. 이렇게 처음 교제를 시작하게 되면, 학교에 대한 정보를 공유하는 것도 좋지만, 둘만의 세상이 강하게 형성될 수도 있습니다. 주위 반응은 너무나도 잘 어울리는 커플이라고 말하기도 하지만, 다른 세계가 들어갈 틈이 없습니다. 모든 상황을 둘이서 해결해야 하는 불편함도 있지만, 또한 매력일 수도 있습니다. 아직은 서로가 스킨십 진도에 대해 크게 생각을 못 하고 있는 터라 가능한 한 많은 체험을 할 수 있는 것이 좋고, 데이트 비용이 거의 들지 않는 만남을 권장하여 드립니다. 대학생 할인 및 프리미엄으로 소극장의 평일 연극은 무료로 볼 수 있는 방법도 많고, 이 시기에 교양도 쌓을 겸 박물관과 미술관, 음악회, 전시회도 가보시길 바랍니다. 타 대학교 캠퍼스도 데이트하며 꼭 여러 곳을 가보시길 바랍니다. 이왕이면 학과 건물 내와 강의실도 들어가 보시길 권장하여 드립니다. 그 학교 분위기도 한 번 보셔야 남자친구와의 교제로 안 보이던 세상이 조금씩 보일 수 있고, 타 대학 학생들에게 자극도 받으실 수 있으실 겁니다. 서울 경기 지역에 있으면서 63빌딩이나 롯데타워 한 번 안 가보게 되는 경우도 많습니다. 직장인이 되면 일부러 시간을 내서 가기 힘들지 모를 서울 곳곳을 들러보는 것도 좋습니다. 4월에는 벚꽃 축제도 가보고, 5월에는 대학교 축제도 즐겨보면서 서로 믿음과 신뢰를 갖게 되면, 스킨십 진도 역시 자연스레 조금씩 진척되어 나갈 것입니다.

팁 체험을 많이 하면서 스킨십 진도도 늦추고, 교양도 쌓고!

오늘보다 내일 더 예뻐지려는 노력!

남자는 예쁜 여자를 좋아하고, 여자는 남자의 능력을 본다는 것을 다들 기정사실화하고 있습니다. 좋은 게 좋은 거라고, 싫어할 사람은 없겠지만, 모두 맞는 얘기라고 할 수만도 없습니다. 남자들이 예쁜 여자를 좋아한다고 해서 연예인 정도의 미모를 원하는 것같이 들리지만, 모든 남자가 그렇지는 않습니다. 남자들의 말을 빌려 '같이 다니기 부끄럽지 않을 정도'면 괜찮다고 하는데 기준은 제각각이고, 남자들도 자신이 어느 정도인지 잘 알고 있고, 말도 되지 않는 상황을 원하는 것은 아니랍니다.

길거리에서만 보더라도 나보다 예쁘지 않은 여성이 키 크고 잘생긴 남자와 손잡고 다니는 것을 심심치 않게 볼 수 있기 때문입니다. 부러우면 지는 건데, 어디서 어떻게 만났는지 궁금하기도 하고, 여자가 돈이 많을 거라는 생각을 하며 스스로 위안을 삼기도 합니다.

20대 남성분도 자신만의 '예쁘다'는 기준이 어느 정도인지 잘 모르는 경우도 있습니다. 주위에 괜찮다고 생각되는 이성이라면 가벼운 마음으로 한 번 교제해볼 생각을 가질 수 있습니다. '괜찮다'의 기준이 사람마다 조금씩 차이가 있겠지만, 학생일 때는 서로가 함께하는 공간과 시간이 많다 보니 외적 이미지 외에 상대방의 성향이나 평소 모습, 내적인 요소를 살펴볼 수 있는 기회가 많습니다. 나태주 시인의 「풀꽃」을 보면 "자세히 보아야 예쁘다. 오래 보아야 사랑스럽다. 너도 그렇다"라는 내용이 나옵니다. 이처럼 여성분의 내적인 매력이 남학생에게 많이 통합니다.

물론 직장인이 되어 한판 승부로 호감을 표시해야 하는 소개팅에서는 '언뜻 보아야 예쁘다. 짧게 보아야 사랑스럽다'로 바뀌는 게 더 유리할 수도 있습니다. 아직 20대 초중반이라면 자신의 내적인 매력으로 충분히 어필할 수 있기에, 외적인 이미지에 자신이 없다고 교제를 안 할 거라는 선언은 하지 마시길 바랍니다. 살은 빼면 되고, 너무 심각할 정도라면 추후 의학과 과학의 힘을 빌릴 수도 있으니, 현재 바꿀 수 없는 외모 고민은 이제 그만하시길 바랍니다.

세상의 모든 여자는 오늘보다 내일 더 예뻐지려고 엄청난 노력을 합니다. 좋아하는 남자친구가 생겨 교제하게 되면 세상이 아름답게 보이기도 하고, 잘 보이기 위해 자연스레 노력하게 될 겁니다. 다만 남자친구가 너 정도면 예쁘다고 하는 새빨간 거짓말은 믿지 마시고, 너무 편해져서 외모를 가꾸는 데 노력하지 않고, 맛집 데이트만을 즐기는 한순간의 방심은 금물입니다. 오늘보다 내일 더 예뻐진다는 생각과 함께 방학 때 조금 더 열심히 노력해서 외모가 점점 더 업그레이드 되어간다면, 취업준비와 졸업사진을 찍을 때 당신은 지금과 달리 외모에 정점을 찍게 될 겁니다.

 **팁** 남자마다 '예쁘다'의 기준은 조금씩 다르다!

첫 연애 가치관이 잘 형성되려면!

'연애 가치관'이란 연애를 하면서 느끼는 행복의 기준을 말합니다. 보통 여성들은 3번의 연애 가치관을 통해 결혼 가치관이 형성된다고 볼 수 있습니다. 첫 번째 연애 가치관은 스킨십 없는 교제라는 만남, 두 번째 연애 가치관은 첫 섹스 이후에 형성됩니다. 세 번째 연애 가치관은 직업을 갖게 되면서 남성을 현실적인 역량과 함께 종합적으로 판단하게 되며, 자신과 가장 잘 맞는다고 생각하는 남성을 결정하게 되는 결혼 가치관에 이르게 됩니다.

첫 번째 연애 가치관은 성인이 되어 처음 사귀는 남자친구를 통해 형성됩니다. 이 시점의 남녀들은 아직 연애를 해본 경험이 없거나 만남 횟수가 적기에, 스킨십이 없는 교제라는 만남을 이어나갑니다. 그래서 지나고 보니 이때를 가장 순수한 만남이었다고 얘기하는 직장인 분들도 많습니다. 이때는 남녀 간에 서로 자신이 정말 상대방을 좋아하는지 아닌지 모르고 교제하게 되는 경우도 많습니다. 남자가 먼저 고백해서, 분위기에 휩쓸려서, 어쩌다 보니, 하다못해 심심해서 교제를 하는 경우도 있습니다. 서로의 취향이 맞으면 오래 교제할 수 있고, 그렇지 않으면 빨리 헤어질 수도 있습니다. 보통 남녀 둘 다 섹스의 경험이 없는 경우일 수도 있고, 남자나 여자 한쪽만 경험이 있을 수도 있습니다. 함께 있는 것만으로도 좋은 느낌을 받을 수 있고, 세상이 밝고 아름다워 보인다는 생각이 듭니다.

그래서 첫 번째 연애 가치관이 잘 형성되려면 함께하는 시간을 많이 갖고, 체험도 많이 하는 것이 좋습니다. '남자친구가 생김으로 해서 행복하네'라는 생각이 든다면 첫 번째 연애 가치관이 잘 형성된 것입니다. 캠퍼스 커플의 경우, 교내에서 함께하는 시간 모두가 데이트가 될 것이고, 둘 다 학생이라면 수업내용, 리포트, 시험에 대한 주제로 대화를 이어가고, 보통 데이트는 직장인들과 달리 최신 유행하는 체험을 많이 하게 됩니다. 예를 들어 방 탈출 카페나 VR 체험도 해보고, 공강 시간도 많이 활용하며, 둘 다 수업 없는 요일에는 놀이동산은 필수 코스처럼 되어버립니다. 비용이 거의 들지 않는 선에서 데이트도 가능합니다. 포장마차에서 떡볶이 한 접시와 함께 캠퍼스를 누비며, 학생으로서의 혜택을 최대한 활용하며 록 페스티벌이나 연극공연도 보러 갈 수 있습니다. 용돈이 조금 생기면 처음 맛본 스파게티, 패밀리 레스토랑, 원플레이트 레스토랑, 크레이프 케이크도 먹으러 가보며, 중고등학생 때와는 조금은 다른 데이트를 하게 됩니다.

스킨십 진도가 없는 상황이라서 헤어진다고 해도 마음이 안 좋다거나 감정적인 아픔을 크게 겪지 않습니다. 또한 이별 후에도 친구 사이로 남을 수도 있습니다. 여성분 입장에서 보면 첫 번째 연애 가치관이 잘 형성될 때가 가장 풋풋하고 이상적인 연애의 형태라고 볼 수도 있습니다. 교제에서 점점 신뢰가 쌓이면 만지고 싶다는 욕구도 함께하게 될 것이며, 스킨십 진도가 나가는 두 번째 연애 가치관으로 옮겨가게 될 것입니다.

팁 스킨십 없는 교제에서의 행복함도 마음껏 누려보시길!

썸 탈 때 NO! 사귀고 나서 OK!

성인이 되고 처음 만나서 사귀게 되는 경우, 대부분이 모태솔로녀와 모태솔로남의 만남으로 시작합니다. 잠자리 스킨십 없이 교제 관계로만 이성 친구를 사귀어본 것은 연애를 한 것이 아니어서 모태솔로로 봐야 합니다. 남성과 대화만 해봤을 뿐인지 어디서 어떻게 시작해야 하는지 모르는 게 당연합니다. 호감의 시그널에 대한 정보가 무엇인지 모르고, 그저 자기가 원하는 대로 생각하기에 큰 착오로 이어지는 상황도 많이 발생합니다. 그렇다 보니 주위 사람들에게 물어본다거나 카톡 내용 분석하기 바쁜데, "이러면 저 좋아하는 거죠?"라는 질문이 가장 많은 것 같습니다.

자연스럽게 썸 타는 분위기로 인해 어느 순간 사귀는 사이인지 아닌지 애매한 썸 관계가 되어버리면 한쪽만 사귄다고 생각할 수도 있습니다. 예를 들어 친구로서 좋아하기에 그냥 친절하게 대하며 단둘이서 밥도 먹고 영화도 보며 차도 마셨습니다. 남자분 입장에서는 사귄다고 생각했는데 여성분 입장에서는 정식으로 사귄 것이 아니었기에 다른 남성과 교제하실 수도 있습니다. 반대로 여성분 입장에서 썸을 타다가 손도 잡고 우연인 듯 아닌 듯, 술자리 게임을 통해서라도 입맞춤 같은 스킨십도 있을 수 있고, 설레어버릴 수도 있습니다. 당연히 자신을 좋아한다고 생각했고, 거의 사귄다고 생각했는데 남자는 그게 아니었나 봅니다. "왜 그때 나한테 입 맞추었냐?", "내 손을 왜 잡았느냐?"고 따지고 물어봤자 아무 소용이 없고 자존심만 상할 뿐이랍니다. 두 사람이 정식으로 사귄 사이가 아니기 때문에 생길 수 있는 상황입니다. 그래서 오늘부터 1일이라고 분명히 약속을 하시는 것이 중요합니다. 여성분 입장에서도 혼란스럽다면 남성분께 우리 사이는 어떤 관계인지 물어보는 것도 좋고, 나한테 정식으로 무언가 했냐고 돌려서 말씀해보시는 것도 좋습니다. 만약 남자가 뭐 그렇게까지 해야 하느냐고 나오면 잿밥에 관심이 있을 뿐 당신을 정말 좋아한다고 보기는 어렵습니다.

다른 여자친구가 생겼는데도 자신한테 거리낌 없이 말과 행동을 하는 남자도 있는데, 받아주시면 안 됩니다. 또한 썸 타는 사이에서 잠자리 스킨십까지 진도가 나가버려도, 사귀는 사이가 아니기에 책임을 거론할 것도 없고, 그냥 서로가 즐긴 거라고 볼 수 있습니다. 물론 섹스 이후 사귀게 되는 경우도 있습니다만, 여성분 입장에서는 일이 일어나고 나서 사귈지 말지 남자분의 선택만 기다려야 하는 입장이 됩니다. 그래서 서로가 정식으로 커플이라고 사귀는 사이가 되는 '오늘부터 1일'이라고 선언하는 것이 중요합니다. 사귀고 나서도 교제 기간이 늘어나면서 신뢰가 쌓이기 시작하면 남자분이 스킨십을 조금씩 진행하게 되는데, 잠자리 관계까지 갈지 안 갈지는 여성분이 선택하고 결정할 수 있습니다.

팁 썸 타는 사이에서 섹스는 서로가 그냥 즐긴 것일 뿐!

헤어질 마음이 없다면, 달래줘라!

　서로 사귀자고 해서 교제는 시작되었지만, 스킨십이 싫지는 않은데 무엇을 어떻게 하는 건지 모르는 게 당연합니다. 처음에는 손잡는 것도 어렵고, 껴안거나 팔베개 하는 것도 어색할 수 있습니다. 처음 입맞춤에서 키스까지의 진행도 설렘과 함께 잘되지 않는 것 같더라도, 익숙하고 달콤함까지 느껴진다면 남자친구가 조금 더 욕심을 낼 수 있습니다. 이 단계까지 이르렀으면 여성분께서는 잠자리 스킨십도 염두에 두고, 마음의 결정을 하셔야 할 것입니다. 분명 남자친구는 조금 더 욕심내고 잠자리 관계를 시도할 것입니다. 하지만 여성분 입장에서 전혀 모르고 있는 경우도 많아, 서로 당황하는 상황도 많이 발생합니다. 남자도 처음이다 보니 부드럽게 조금씩 리드를 못 하고 서툴러서, 웃기고 슬픈 상황이 생길 수 있습니다. 키스까지는 서로 익숙해졌지만 그다음 단계로 넘어가는 데 서로 애를 먹는 경우가 많이 발생합니다. 예를 들어 키스를 하는 중에 남자의 손이 가슴이나 아래로 내려가는 상황에서 여자친구는 입술은 키스하고 있으면서 손으로는 방어신공을 펼치는 경우도 있고, 비디오방에 갔는데 남자친구가 바지를 내려 자신의 물건을 보여주자 그걸 보고 놀라서 울음을 터뜨려버리는 여자친구를 달래기 바쁜 남자도 있습니다. 오빠는 나를 그런 목적으로만 만나고 그런 사람이냐고 다그치는 여자친구 앞에 진땀 흘리며 다시는 그러지 않겠다고 용서를 비는 남자친구의 안타까운 모습을 주위에서 심심치 않게 접할 수 있습니다. 그래도 밀어붙이지 않고 이 정도의 남자친구라면 아직은 착하고 순수한 남자입니다. 경험이 있는 직장인이라거나 자존심이 강한 남자라면 이런 상황에서 바로 또는 며칠 뒤 헤어지자고 하는 분들도 있습니다.

남성분 입장에서 스킨십 진도라는 것은 여성분이 받아줄 거라는 혼자만의 착각으로 시도하는데, 원하는 대로 되지 않으면 많이 답답해합니다. 또한 여성분께 스킨십 시도를 하다가 제지당하면 부끄럽기도 하고, 다음 만남부터는 스킨십은 엄두도 내기 어려울 수 있습니다. 여성분 입장에서는 더 이상 스킨십을 시도하지 않으려는 남자친구의 행동에 안심할지 모르지만, 관계에 문제가 생길 수도 있습니다. 그렇기에 남자친구와 헤어질 마음이 없다면, 스킨십 거절 후 바로 잘 달래주셔야 하고, 완전 거절이 아니라 마음의 준비가 덜되었다는 표현과 함께 다음을 기약할 수 있게 해주셔야 합니다.

그런 일이 있었다고 서로 어색해 하지 말고 다음날이라도 평소 하던 스킨십 수위와 키스 및 조금 야한 농담을 조금 곁들이는 것도 좋습니다. 아무 일도 없던 것처럼 행동하는 남자친구라도 내상을 입었을 것입니다. 여자친구가 있는데 혼자서 성욕을 해결해야 하는 안타까움도 있기에 더 이상 여자친구로서의 역할을 못 한다고 생각할 수도 있습니다. 자연스럽게 헤어지는 것을 생각을 해볼 수도 있습니다. 다만 관계적인 부분에서 정 때문일 수도 있고, 이별은 어떻게 하는지 모르며, 헤어짐을 고하면서 상대방에게 피해를 주는 나쁜 역할은 하고 싶지 않기 때문에, 형식적인 만남만 하고 있는 20대 남녀들도 많습니다.

팁 키스까지 진도가 나갔다면, 다음을 항상 생각하고 있어야 한다!

연애 노력 정당화 효과, 보상받기 NO!

결혼했거나 나이가 조금 있는 여성분들께서 요즘 취업이 어려워 연애를 포기하는 사회적인 현상을 보고 이런 농담을 하기도 합니다. 지나고 보니 3고시(사법, 외무, 행정-현재는 행정고시만 시행)보다 더 어려운 게 예쁘게 태어나거나 연애를 잘하는 거라고 말입니다. 연애도 해본 사람이 포기할 수 있고, 취업준비도 해본 사람이 얼마나 힘든 일인지 알 수 있습니다. 연애도 제대로 한 번 해보지 않고 공부에 집중한다고 바쁘다면, 장학금을 받는 정도가 되어야 하고, 취업준비만 한다면 원하는 직장에 들어갈 수 있어야 하는데, 그렇지 못하다면 모태솔로의 지질한 변명밖에 더 되겠습니까!

'연애 노력 정당화 효과'라고 있습니다. 열심히 노력해서 좋은 직장에 취업이 성공하면, 그 보상으로 자신과 비슷한 소셜 포지션의 남자를 만나고 싶어 하는 것을 말합니다. 하지만 남자도 마찬가지로 사회적으로 인정받는 역량을 갖추게 되었다면 자신감이 있기에, 더 어리고 외적 이미지가 출중하거나 애교 있으며 연애를 잘하는 여성을 만나고 싶어 할 수 있습니다. 남성은 서로를 이해해야 하는 전문직이 아닌 이상, 사회적 역량이 종합적으로 두 단계 아래에 있는 여성을 만나고 싶어 합니다. 그래야 마음이 편하며 자존심이 설 수 있다고 합니다.

가부장적인 우리나라에서는 남자가 경제적 능력을 더 갖고 있는 것을 당연시하는 문화도 거기에 영향을 준다고 볼 수 있겠습니다. 실제 남녀의 만남에 'AF 이론'이라는 것이 있습니다. 사회적 관점에서 남자 A와 여자 B가 만나면 소셜 포지션으로, 여자 A와 남자 F는 만날 사람이 없다는 것을 말합니다. 쉬운 예로 당신이 서울시 내 중상위권 대학을 졸업하여 이름 들어본 직장에 다니는 여성이라고 합시다. 같은 여자가 봐도 괜찮은 서울시 내 상위권 대학의 이름 들어본 대기업이나 전문직의 남성을 원하는 것은 당연한 것처럼 보입니다. 하지만 그들의 시각에서 봤을 때, 당신의 소셜 포지션은 전혀 고려 대상이 아닐 수 있습니다. 또한 여성분의 외적 이미지와 어필하는 매력이 평범하거나 그 이하라면 선택하지 않을 수 있습니다. 남자가 여자의 사회적인 직업군에 욕심을 내는 것은 딱 3가지입니다. 임용에 합격한 정교사(초등, 중등), 공무원(직군 무관), 간호사(간호조무사 제외)입니다. 남성들도 사회가 불안정하다 보니 여성도 오래 할 수 있는 직업군을 보는 것 같습니다. 남자들에게는 당신이 대기업인지 중소기업인지 1도 의미가 없다고 볼 수 있습니다.

자신의 개인적인 발전을 위해서 열심히 공부해서 좋은 곳에 취업하는 것이 맞습니다. 하지만 취업준비라는 명목 하에 연애를 포기하지는 않길 바라며, 그것을 정당화해서 좋은 직장에 다니는 남성을 반드시 만나야 한다는 사명감을 갖는 일은 없길 바랍니다. 오히려 그것이 나중에 당신의 발목을 붙잡아, 나이가 들수록 더 좋은 남자만을 외쳐대며 하염없이 나타나기만을 기다리게 될 겁니다. 진짜 멋진 직장인 여성이 되기 위해서는 하나만 잘하는 것이 아니라, 연애와 취업준비의 균형을 맞추는 것이 진정한 프로의 모습일 것입니다.

팁 연애 노력 정당화 효과도 준비되어 있는 자에게 기회가 온다!

정이 들고, 지속성이 생기면 OK!

남자의 심리가 궁금하다는 여성분들이 많습니다. 20대 남성의 경우, 대학생이라면 이성과의 만남이 가능한 시간과 공간이 너무 많아 일정하지 않고, 직장인이라 하더라도 아직 경제적으로 많이 자유롭지 못하기에, 책임 지고 연애의 끝이라고 할 수 있는 결혼을 크게 생각하지 않는 경우가 많습니다. 그래서 30대 직장인들과 비교하면 뚜렷한 연애 심리 메커니즘을 찾기 어렵습니다. 20대 남자의 심리는 시시각각으로 마음이 바뀔 수 있습니다. 그래서 명확한 것만 말씀드리겠습니다.

사귀기 전에는 표현력입니다. 마음은 정말 좋아하고 있는데 고백이 어설프면, 진심으로 느껴지지 않을 수 있습니다. 여성분을 별로 좋아하지 않는데 말과 행동으로 표현을 잘해서 여성분의 마음을 사로잡을 수 있다는 얘기입니다. 예를 들어 친분이 있는 상황에서 남자가 진심으로 "나랑 사귀자"라고 했는데, 여성분이 "미쳤냐, 내가 너랑 사귀게?"라고 하면 "나도, 농담이야, 그냥, 해본 소리야"라고 바로 꼬리를 내릴 겁니다. 반면 진심이 아닌데 "나랑 만나볼래?"라고 했는데 바로 "그래"하고 사귈 수도 있습니다.

연애경험이 없거나 적은 남자의 진심은 진짜 말도 안 되는 상황에서 뜬금없이 사귀자고 고백하거나 떨려서 말을 잘 못 하는 경우도 많습니다. 방법이라면 남자사람친구들과 대화를 많이 해보거나 직접 교제를 해보시는 게 가장 도움이 많이 될 겁니다. '썸, 밀당'을 하는 것만 봐도 알 수 있듯이, 남자가 첫눈에 반해 사귀게 되거나 당신이 처음부터 죽을 만큼 좋아서 사귀게 되는 경우는 드물다고 볼 수 있습니다. 만약 그렇다면 썸 타기나 밀당은 하지 않을 것이고, 여자 아이돌하고만 교제를 해야 할 것입니다.

주목해야 할 또 다른 하나는 결과론적이지만 잠자리 관계 이후 남자의 심리입니다. 남자가 별 생각 없이 교제를 시작했지만 잠자리 관계로 이어지는 연애 단계로 접어들면 여자친구에게 익숙해지고, 연애가 주는 달콤함에 취해 여성분이 어떤 말과 행동을 해도 사랑스럽게 보일 수 있습니다. 조금은 순수하고 정의감이 있는 남자라면 육체적으로 좋은 느낌을 받아 그걸 사랑으로 정의하거나 정이 들어버려 벗어나지 못하며, 이 여자를 책임져야 할 것 같다며 진지해지기도 합니다.

남자가 연애를 할 때 섹스는 필수요소라고 볼 수 있습니다. 물론 자신의 욕구를 채우기 위해서 사귀는 것을 핑계 삼아 목적 달성 이후 헤어지거나 서서히 이별을 고하는 쓰레기 같은 남자도 있습니다. 이 같은 행동도 20대의 몇몇 남성들인데, 연애의 지속성과 함께 달콤함을 모르는 안타까운 남자들입니다. 여성분이 사귀기 전 이런 소수의 나쁜 남자만 잘 가려낼 수 있다면, 스킨십에 대해 크게 걱정할 필요는 없어 보입니다. 서로 엄청 좋아하는 것은 아니었는데, 교제를 오래 하다 보니 시간이라는 정이 들어 헤어지지 못하고 지속성이 생겨나는 경우도 있습니다.

결론은 20대 남자의 심리는 정이라는 지속성이 생기기 전까지는 순간순간 변한다는 것입니다. 사귀기 전 당신을 오랫동안 지켜본 남자의 고백은 지속성이 있다고 볼 수 있습니다. 그 외의 상황은 지속성이 있다고 보기 어렵습니다. 사귀기 전에는 여성의 이미지에 호감 가는 정도의 '좋아한다'였다면, 교제라는 시간이 오래 지남으로 인해 정이 들거나, 잠자리 관계 이후 육체적인 정이 들며 내 여자라는 생각과 함께 좋아하는 데에 지속성이 생겨난다고 볼 수 있습니다. 남자에게 호감이 간다면 그 마음이 지속될 수 있도록 노력해야 하고, 서로간에 정이 들어야 합니다.

 팁 남자는 정이 들어 좋아함에 지속성이 생겨야 내 여자라고 확신하더라!

7장

두 번째 연애 가치관

연애 (스 킨 십 이 후)

남자는 당신을 좋아하지 않아도
사귈 수 있다!

20대 대학생 남성들의 경우, 30대 직장인 남성들과 달리 연애 경험치가 전부 다르고 편차가 크기 때문에 딱 한마디로 표준화하기가 어려운 부분이 있습니다. 또한 대한민국 남성은 학교를 다니고 있는 중간에 군대라는 의도치 않은 공백기도 생기기 때문에, 다녀오기 전과 후의 연애에 대한 생각의 차이도 있습니다.

예를 들어 똑같은 23세의 남자 대학생이라고 해도 연애와 잠자리에 능숙한 남자가 있는 반면, 여성과 손 한 번 잡아보지 못한 남성도 있습니다. 또한 여자 대학생 입장에서도 경험치가 다르고, 사귀어본 이성이 많지 않으면 남자의 마음을 가늠하기 어려운 부분이 많습니다. 어느 정도의 경험과 능숙함을 가진 남자를 만나느냐에 따라 당신의 연애 가치관도 달라질 겁니다.

이렇게 말씀드리면 도대체 어떻게 하라는 건지 너무 어려운 것 같습니다. 단 한 가지 분명한 사실은 20대의 남성들은 이성에 대한 끓어오르는 열정 때문인지, 연애를 한다고 하면 '기-승-전-섹스'로 이어진다는 생각은 확실히 있는 것 같습니다. 시중에 나도는 연애 전략 및 기술, 픽업 아티스트에 관한 자료들을 보면, 모두 난공불락인 여성을 어떻게 공략해서 침대로 향할 수 있는지, 여성의 흔들리는 심리 연구를 거듭

하는 방법들이 넘쳐나고 있습니다. 남자는 사귀는 사이라는 이유만으로 당신을 엄청 좋아하거나 사랑하지 않아도 언제든지 관계를 가질 수 있고, 그런 관계를 만들 수 있으며, 그것만을 위해 당신에게 접근하며, 만남을 지속할 수도 있습니다. 섹스는 나쁘다고 말씀드리는 것이 아니고, 하지 말라는 얘기는 더더욱 아니랍니다. 관계를 가질 때 가지더라도, 최소한 나쁜 남자는 거를 수 있고, 남자의 진심은 어느 정도 확인한 후 신뢰를 가진 상황에서 관계를 가지시는 게 좋지 않을까요? 단순히 '그 남자를 좋아하니까, 그 남자를 위해서, 그 남자가 원하니까' 관계를 가질 필요는 없습니다.

20대에 갓 취업한 남성이라 하더라도 아직까지 결혼에 대한 생각이 크지 않습니다. 그래서인지 연애에 대한 책임을 고려하지 않고, 여차하면 헤어짐도 빠르게 할 수 있는 것입니다. 관계 이후 진심이 아닌 것을 알고 나서 빠른 헤어짐이 있거나 나쁜 남자를 만나고 나면, 몸과 마음의 상처는 고스란히 여성의 몫이 되기도 합니다. 과거에 "남자는 여자하기 나름이에요"라는 유명 광고에 많은 분들이 공감했는데, 이 얘기대로라면 관계를 갖는 시기와 결정은 여성분이 하기 나름인 것 같습니다.

20대 여성의 입장에서 사귀기 전에 진심을 확인할 수 있는 방법으로는 '어느 정도 나를 관찰하는 시간의 지속성이 있었는지', '고백 시 떨림이 있었는지', '사귀고 나서 나를 위한 희생과 배려가 있었는지', '어느 정도의 시간을 갖고 꾸준히 나를 좋아하는지' 등이 있습니다. 확인되고 진심이 느껴진다면 관계를 가져도 괜찮다고 볼 수 있습니다. 자신의 마음을 모르겠다면 객관화시킬 수 있는 관문을 몇 가지 만들어놓고, 교제 이후 100일 정도의 신뢰를 확인하고 관계를 갖는 것도 좋습니다.

 팁 남자는 섹스할 수 있다는 이유만으로도 연애할 수 있다!

RULE 02

'금사빠'라거나
스킨십을 좋아하는 여자라면!

'금사빠(금방 사랑에 빠지는 사람)'라고 다들 무슨 뜻인지 잘 아실 겁니다. '금사빠'인 많은 여성분들을 자체적인 조사를 통해 알아본 결과(조사 시 사귀는 사이가 아니라도 스킨십이 가능하거나 진행된 여성), 자신이 언제부터 어떻게 그렇게 되었는지 뚜렷한 이유가 있진 않았습니다. 다만 선천적인 성향이 사람 자체를 좋아하는 분들이 많았습니다. 애교가 많고, 사랑받는 법을 잘 아는 분들이 많아 주위의 남자, 여자 할 것 없이 많은 분들에게 인기 있는 경향이 많았습니다.

주로 자신이 '금사빠'인지 확인하는 시기는 사귀기 전이나 사귀자마자 첫 잠자리 관계를 갖고 나서인데 스킨십 자체도 좋은 느낌이고, 남자의 관심을 받는 것이 큰 행복감으로 다가온다고 합니다. 하지만 그들의 연애에 있어서는 조금 문제가 될 수도 있습니다. '금사빠' 연애를 하시는 분들의 특징은 자신을 '예뻐라' 해주는 남성분한테 약한 경향이 있습니다. 사람 손을 잘 타기도 해서 외로움을 못 견뎌하기도 합니다. 그리고 밀당을 잘 못 하는 분들이 많습니다. 그렇다 보니 남성분이 호감을 갖고 들이대면 거절하지 못하고 다 받아주는 경향이 있습니다. 또한 스킨십을 좋아하는 경향이 많아 나쁜 남자의 표적이 되기도 하고, 금세 불타오르고 금방 식기도 합니다.

그렇다 보니 남자분과 만나자마자, 또는 짧은 만남 이후 빠른 스킨십 진도가 나갑니다. 그러고 나서 서로 알아가는 단계를 가지다 보니, 조금만 맞지 않아도 남자분에게 헤어짐의 빌미를 주게 됩니다. 이미 남성분은 1차적인 목표를 달성했으니 아쉬운 부분이 없을 것입니다. 이렇게 헤어지고 나서 남성분이 술 먹고 전화를 걸거나 다시 연락이 오면 잘 받아주는 경향도 많습니다. 그리고 만나서 잠자리로 이어지고 스킨십만 나눕니다. 이러지 말아야지 하면서도 반복되고, 허무함과 후회도 밀려오지만, 좀처럼 잘 안 되어 고민하시는 분들도 많습니다.

'금사빠'는 사람을 좋아하는 선천적인 성향으로도 볼 수 있기에 완전 극복은 힘들 수도 있겠지만, 저자와 상담을 통해 좋아지신 분들의 방법을 소개드리겠습니다. '최소 4회 이상의 만남과 고백 받고 사귀기', '그 남자의 마음이 진심인지 확인하기(자신만의 확인 방법 및 관문 만들기)', '사귀고 나서도 일정 기간이 지난 후 조금씩 스킨십 진도 나가기'. 이렇게만 한다면 큰 걱정 하지 않으셔도 될 겁니다.

하지만 20대에는 '금사빠' 성향의 여성분들이 주로 호감을 갖는 요소가 남성분의 외적인 이미지이기 때문에, 참지 못하고 끌려가는 경우가 많으니 유의하시길 바랍니다. 30대가 되어 연애 가치관이 조금 더 성장하여 종합적으로 판단하는 눈을 갖게 되면 조금씩 나아지실 겁니다. '금사빠'라고 해서 꼭 나쁜 것만은 아니랍니다. 자신이 예쁨 받는 방법을 잘 알고 있기에 남자의 호감을 역으로 이용할 수 있고, 소개팅을 한다면 거의 90% 이상 애프터가 들어온다는 장점도 있습니다. 조금 참고 기다리면서 남자의 진심을 확인하는 동시에, 자신의 마음이 진짜 이 남자와 사귀어도 되겠다는 확신이 들면 받아주시면 됩니다.

🍯 **팁** 남자의 외모가 전부가 아님을 빨리 깨닫는 것이 좋을지도!

RULE 03

첫 섹스가 행복해야
앞으로 거부감이 없어진다!

20대 성인이 되어 첫 섹스가 중요한 이유는 남자친구와 한 번 잠자리 관계가 시작되면 그날부터 데이트의 끝은 항상 모텔에 가게 되거나 섹스를 해야 마무리가 될 것이기 때문입니다. 더한 경우에는 섹스를 하기 위해 영화 보고, 차 마시며, 데이트를 하게 되고, 조금 더 나가면 섹스를 먼저 하고, 모텔에서 밥을 시켜먹는 경우도 생깁니다. 그만큼 남자에게서 섹스는 연애의 목적이라고도 할 수 있고, 연애의 모든 것은 섹스를 위한 것이라고 봐도 될 것입니다.

남자는 연애를 할 때 몸과 마음이 따로인 경우도 많습니다. 마음은 다른 여자에게 가 있을 수도 있고, 다른 일에 신경 쓰고 있으면서, 지금 앞에 있는 여자와 섹스를 나눌 수도 있습니다. 하지만 여자는 마음이 가고 나서 몸이 따라 함께 가는 경우가 대부분입니다. 20대의 여자가 생각하는 연애는 알콩달콩 하며 예쁜 만남일 경우가 많고, 그것을 사랑으로 믿고 끝없는 행복을 가져올 수 있다고도 생각합니다. 헤어짐을 알고 연애를 시작하는 것은 아니지만, 20대의 대학생이라도 지금 하고 있는 만남이 마지막 연애라는 결혼이라고 생각하지는 않을 것입니다.

하지만 여자는 연애를 하게 되면 남자친구가 최우선순위가 되고, 모든 걸 다 맞추어주고 싶어 합니다. 만약 나쁜 남자를 만나게 될 경우, 잠자리 관계의 익숙함으로 육정이 들게 되면, 주위의 지인이나 친구들이 이성적으로 판단하여 헤어지라고, 잊으라고 설득해도 들리지 않습니다. 이미 한 번 마음이 그 남자에게 가버리면 합리적인 판단을 하지 못하게 됩니다. 이런 만남으로 인해 진통을 한 번 겪게 되면, 다시는 관련 남자를 만나려 하지 않을 것입니다. 추후 그 남자를 떠올릴 수 있는 학교, 회사, 이미지가 비슷한 사람이라면 무조건 만나지 않으려 할 겁니다. 반대로 헤어지더라도 첫 경험이 너무 좋았다면, 그런 스타일의 남자만 찾게 될 겁니다. 또한 연애 중인 남자친구가 세상을 바라보는 관점과 가치관에 영향을 받게 되고, 그의 연애라이프 스타일에 익숙해져버릴 것입니다.

연애는 항상 과거와 비교하게 되어 있습니다. '연애 베버의 법칙'에 따라 과거의 남자를 비교 대조군으로 삼고, 더 강한 느낌과 조건을 갖추어 다가와야 그 남자를 선택할 수 있을 것입니다. 또한 이후 남자친구를 사귀더라도 이전 남자친구와의 잠자리 관계를 통해 느꼈던 경험을 토대로 현재의 남자친구를 판단하게 될 것입니다. 현재의 남자친구가 이런 말을 하면 과거의 경험을 떠올려 이럴 것이고, 저런 행동을 하면 저럴 것이라고 생각하게 될 것입니다. 앞으로 모든 연애의 기준점이 될 수 있기에 첫 관계를 가질 때는 진중하게 한 번 더 고려해보시길 권장하여 드립니다.

💬 **팁** 두 번째 연애 가치관은 첫 잠자리 관계부터 시작이다!

첫 섹스가 모든
연애의 기준이 될 수 있다!

성인이 되어 첫 번째 연애 가치관이 형성되었다면, 자연스레 두 번째 연애 가치관으로 향하게 됩니다. 첫 번째 연애 가치관이 잠자리 관계를 가지지 않는 교제라면, 두 번째 연애 가치관은 첫 섹스로 인해 형성됩니다. 두 번째 연애 가치관의 상대는 첫 번째 연애 가치관을 만들어준 동일 인물일 수도 있습니다. 남자에게 연애는 곧 섹스라고 말해도 과언이 아닐 것입니다. 바로 두 번째 연애 가치관이 여성의 연애에 있어서 굉장히 중요한 이유는 섹스를 함에 있어 행복을 느낄 수 있냐 없냐의 차이가 생기기 때문입니다. 첫 섹스를 남자의 의도대로만 진행되어 반강제로 모텔에 끌려가다시피 가진 관계, 술김에 한 관계, 혹은 아프기만 했던 것으로 기억한다면, 당신은 두 번 다시 섹스를 하고 싶지 않을 것입니다. 이런 경우 섹스에 대한 거부감을 갖게 되어 앞으로 남자친구를 사귀어도 스킨십 진도에 있어 문제가 많이 생길 수 있습니다. 무책임하게 관계만 갖고 사귀거나 이후 행동 없이 사라지는 나쁜 남자를 만나게 되면 남자에 대한 거부감까지 가질 수도 있습니다.

이런 상황은 트라우마처럼 남아서 앞으로 만나는 남자들도 모두 비슷할 거라는 생각을 가질 수 있고, 쉽게 마음을 열지 못하다 보니, 내가 원하는 남자를 만나도 의심부터 하고 본다거나 남자가 가까이 다가오기를 어렵게 만듭니다. 사귀기 전에 조금이라도 스킨십 진도를 나가려는 움직임이 보이면, 그 남자와의 만남은 거기까지입니다. 이런 부정적인 감정이 만들어지면 쉽게 극복되지 않고, 다음 남자친구가 두 배로 더 아껴주고 앞의 좋지 않은 기억까지 보듬어줄 수 있어야 회복이 됩니다.

두 번째 연애 가치관이 잘못 형성되어 세 번째 연애 가치관까지 이어진다면, 연애가 어려워지기만 할 수 있습니다. 서로 호감이 생겨서 사귀고 좋아하는 사이라면 만지고 싶다는 생각이 드는 게 당연한 현상입니다. 성인이 되어 처음으로 관계를 가지며 사랑을 나눈 남자친구로 인해 섹스에 대한 행복함을 느끼게 된다면, 두 번째 연애 가치관이 잘 형성되는 것입니다. 남자친구가 정성스럽게 여자친구를 존중하며 온몸을 잘 만져주어 사랑받는다는 느낌을 받으신다면, 연애는 참 좋은 것이라는 생각과 함께 당신을 행복하게 해줍니다. 두 번째 연애 가치관이 잘 형성되신 분은 지금의 남자친구와 오랜 연애를 지속할 수 있습니다. 이별을 하게 된다면 정이 들어 아픔을 겪기도 하겠지만 또 다른 사랑이 오더라도 더 잘할 자신이 있습니다. 사랑을 주는 법도 알고 사랑을 받는 법도 알며, 이별의 아픔도 알고 있으니까요.

두 번째 연애 가치관이 잘 형성되신 여성분은 남자와 섹스에 대한 거부감이 크게 없다 보니, 다가오는 남자를 힘껏 밀어내지만은 않을 겁니다. 남자들이 조금 더 힘을 내서 적극적으로 대시하며 다가올 것입니다. 남자가 원하는 것을 알고 그것을 적극 활용하여, 내가 원하는 남자가 다가왔을 때 거부감을 가지거나 어려워하기보다는 내 것으로 만드는 것이 용이합니다. 남자의 스킨십 진도 조정도 가능해지고, 보다 즐겁고 행복한 연애를 할 확률이 높아집니다. 그래서 두 번째 연애 가치관이 형성되는 첫 섹스는 매우 중요합니다.

팁 첫 관계는 내가 원하고, 행복할 수 있게!

첫 섹스는 직장인보다
학생일 때가 좋다!

20대 여자 대학생들은 스킨십 정보를 친구들끼리 가장 많이 공유하는 것 같습니다. 교제를 시작하면 그다음은 연애로 가기 위한 스킨십 진도인데, 남자친구가 시도하면 어떻게 해야 할지 처음에는 어색하고, 두렵고, 설레고, 무섭고, 어렵습니다. 두 번째 연애 가치관 형성을 위해 주위 친구나 선배, 지인분들과 상의해도 좋습니다.

연애에 있어서만큼은 당신을 앞서가는 분들이 많을 것입니다. 연애라는 것은 당사자인 사귀고 있는 두 사람이 가장 잘 알고 있기 때문에, 주위 지인이나 친구의 말을 참조할 뿐이지 듣고 그대로 수행하는 아바타 연애는 하지 않을 것을 권장하여 드립니다. 20대 남자 대학생이 연애 경험이 너무 많아 잠자리로 여유 있게 리드하며, 스킨십을 너무 능숙하게 하는 것도 여성분 입장에서 바람둥이 같아 조금 불안할 수 있습니다.

어느 통계에 따르면 우리나라 성인남녀가 결혼할 때까지 평균적으로 3~4명의 이성을 사귀게 되고, 22세에 첫 경험을 가진다고 합니다. 그러니 다른 친구들과 스킨십 진도에 대해 비교해서 빠르다고 좋을 것도 없고, 늦었다고 고민할 필요도 없습니다. 다만 직장인이 되기 전에 서로 신뢰가 있는 남자친구와의 멋진 잠자리 관계를 가져보시기를 권장하여 드립니다. 지금 만나는 남자친구와 서로 신뢰가 있고 관계를 가질 수 있다면, 누가 더 경험이 많고, 잘하고 못 하고는 문제가 되지 않습니다. 서로 리드해주며 가르쳐줄 수도 있고, 함께 야한 동영상을 보며 연구하는 커플들도 많습니다. 서로가 관계 시 체위와 자세, 애무에 있어서 조금 서툴고 어색한 모습까지 사랑스러워 보일 수 있습니다. 이것이 바로 20대 대학생의 특권이라고 볼 수 있습니다. 오히려 처음이라 땀을 뻘뻘 흘리며 열심히 하는 모습이 사랑스럽기까지 합니다.

직장인이 되면 서로가 사귀더라도 스킨십에 대한 기대치가 있는 것 같습니다. 서로가 최소한의 교제 경험은 있고, 섹스도 당연히 해봤을 거라고 생각합니다. 서로가 호감이 생기고 잠자리 관계로 자연스레 이어졌는데, 남자도 마찬가지이고 여성분 입장에서도 처음이라고 고백하기 어렵습니다. 서로가 당연히 알고 있을 거라고 생각하는 부분이 말처럼 되지 않을 때 서로 당황할 수 있습니다.

몇 가지 예를 들면, 남자는 관계 전 반드시 샤워를 해야 하고, 여성이 위에 있을 때는 살짝 무릎에 힘을 주어 상체가 살짝 들린 상태가 되어야 한다는 것, 뒤로 자세를 바꾸어서는 일정 높이를 맞추어주어야 한다는 것 등이 있습니다. 지금 말씀드린 부분이 이해가 안 된다면, 아직 스킨십에 대한 정보와 연구가 조금 더 필요해 보입니다. 이런 스킨십에 대한 정보를 익힐 수 있는 시기가 같은 20대라도 직장인보다는 대학생일 때가 더 좋다는 말씀을 드리는 것입니다.

팁 첫 경험은 대학생일 때가 조금 더 유리할지도!

모태솔로녀 vs 모태솔로남

우리가 모태솔로라고 하면 이성을 한 번도 사귀어보지 않은 사람이라고 알고 있습니다. 하지만 성인이 되어 모태솔로라고 하면, 이성과 잠자리 스킨십까지 진도가 나가는 연애가 아닌, 교제 정도의 만남까지였다고 봐야 합니다. 이제 중고등학교 때 교제했던 것은 잊어버리고, 성인이 되어 이성과의 만남이 시작됩니다. 대학 입학과 동시에 이성과의 교제를 생각할 수 있는데, 1학년 1학기의 학생들이라면 모태솔로녀와 모태솔로남이 교제를 시작할 수 있습니다. 서로 엄청 싫어하는 사이가 아니라면 남자가 장난 반 농담 반으로 툭 건드려도 "그래, 한 번 사귀어보자"라고 할 수도 있고, 카톡으로 대화를 나누다가 사귈 수도 있습니다.

중고등학교 때 교제하는 방식에서 크게 벗어나지 않는 경우 진정성이 다소 부족해 보일 수도 있습니다. 남자가 진심일 수도 있고 호감은 있으나 반신반의하는 정도의 호기심에서 툭 건드리듯 사귀자고 했을 수도 있습니다. 진짜 좋아하는 것인지 아닌지 표현이 약해 애매모호할 수 있습니다만, 분명한 것은 호감은 서로 있다고 볼 수 있습니다. 그냥 좋은 느낌이라고 볼 수도 있고, 키가 커서, 옷을 잘 입어서, 공부를 잘해서, 리더십이 있어서 등 한 가지 이유만으로도 호감이 가서 쉽게 사귈 수 있습니다.

둘 다 처음 교제를 하는 상대라면, 아직은 스킨십 진도보다 사귄다는 사실에 서로가 신기해하며 만나서 데이트하는 것만으로도 재미있을 수 있습니다. 대학생으로 누릴 수 있는 특권이나 체험활동으로 이것저것 찾아가보며 경험하고, 유행하는 것들은 한 번 해봐야 하며, 맛있는 곳이 있으면 가보자는 식으로 함께 하는 것만으로도 즐겁습니다.

교제가 어느 정도 지속되면서 스킨십 진도가 함께 나가게 되는데 손을 잡고, 어깨에 기대거나 팔짱을 끼고 돌아다니며 입맞춤과 키스까지도 자연스레 진도가 나갔다면, 그다음을 생각하지 않을 수 없습니다. 남학생 입장에서는 언제든 오케이 상태겠지만, 여자분 입장에서는 확실한 마음의 준비가 있어야 하겠습니다. 또한 남자친구와 잠자리 관계까지 갈 마음이 있는지 없는지를 이제는 정할 때입니다. 키스까지 스킨십 진도가 나갔다면, 남자친구 입장에서는 더 진도를 나가고 싶어 할 것이므로 곧 닥치게 될 상황일 것입니다. 남자친구와 더 이상의 스킨십을 나가고 싶지 않다면 명확하게 의사표현을 해주는 것도 괜찮습니다. 이때 이해를 못 해주는 남자라면 당신을 정말 좋아한 것 같지는 않습니다. 모태솔로남이라면 한 번도 경험이 없기 때문에 여성분의 심리를 읽지 못할 수 있기에, 말도 안 되는 상황에서 갑작스레 혹 들어올 수 있습니다. 여성분께서도 처음이라 놀라고 당황할 수도 있겠습니다만, 이 책을 읽는 분이시라면 그럴 수도 있다고 미리 마음 먹고 있으셔야 하겠습니다. 남성분이 많이 좋아져서 더 스킨십 진도를 나갈 수 있겠다고 생각하시면, 서로 솔직히 얘기를 나누면서 함께 스킨십 진도를 연구하며 맞추어 가보시는 것도 좋습니다. 실제 야한 동영상을 함께 보면서 조금씩 시도해보는 커플들이 많습니다. 서로가 더 존중해주고, 이해해줄 수 있는 좋은 시도라고 볼 수 있습니다.

팁 둘 다 처음이라면 함께 연구해보는 것이 좋다!

모태솔로녀 vs 경험이 적은 남자

모태솔로녀와 경험이 적은 남자가 교제를 시작합니다. 상대적으로 경험이 많지 않은 남자의 경우, 마음만 앞서다 보니 여자의 마음을 잘 읽지 못하며, 부드럽고 사랑받을 수 있게 리드를 잘하지 못하고, 어설프게 자신의 욕구만 채우려는 경향이 있습니다.

예를 들어 어두운 분위기 내에서 시도해야 할 때 콘돔 착용을 제대로 못 하거나 여성분의 중요 부위를 찾지 못할 수도 있으며, 긴장하여 자신의 물건이 제대로 힘을 받지 못하는 상황도 빈번하게 일어나기도 합니다. 또한 다양한 시도를 하려는 경우가 많습니다. 어디서 본 것과 들은 것은 많아서 그대로 해보고 싶어 합니다. 아직 잠자리 관계가 익숙하지 않을 수 있다 보니, 자세를 바꾸어 앞으로 뒤로, 옆으로 별걸 다 시도해보는 남자들도 많습니다. 여성분이 모태솔로이고 아직 섹스 경험이 없지만, 큰 마음먹고 남자친구와 첫 잠자리 관계를 갖는데, 예상치 못했던 남자의 시도로 당황스러울 수도 있고, 많이 불편할 수도 있습니다.

예를 들어 남자친구는 자세를 뒤로 해서 관계를 갖고 싶은데, 여자분은 자세가 야만적이라는 생각이 들 수도 있어 그렇게 못 하겠다고 하면, 관계 중에 서로 기분이 상하거나 싸움이 날 수도 있습니다. 누구한테 말하기도 그렇지만 생각보다 많은 커플들이 섹스 문제로 인해 헤어지는 경우가 많습니다. 이런 상황들이 헤어짐의 계기가 된다면, 남자는 당신을 정말 사랑하는 것 같지는 않습니다. 여학생의 경우 경험이 없고 첫 섹스이다 보니, 남자친구의 요구대로 해주는 게 맞는 것 같아 마지못해 시키는 대로 해주는 경우도 많습니다만, 본인이 불편하고 힘들다면 억지로 참고 있을 이유는 없습니다.

직장인 여성분의 경우, 자신은 모태솔로이고 첫 섹스인데 남자친구는 당신이 직장인이라서 당연히 잠자리 경험이 있을 것이라고 예상하고 즐길 수 있을 거라고 생각했는데, 그렇지 않고 잠자리 관계가 '뻣뻣하다'라거나 '재미가 없다'는 반응을 대놓고 한다면, 그런 남자와는 당장 헤어지시는 게 맞습니다. 의외로 이런 남자들이 꽤 있다고 합니다. 첫 섹스를 앞두고 걱정되는 마음에 남자친구에게 관계 전 처음이라고 말하는 것도 크게 도움이 되지는 않는 것 같습니다. 처음이라고 하면 확인하고 싶어 하는 남자들도 많다고 합니다. 첫 섹스라면 무난하게 정자세에서 사랑받는 느낌으로 서로가 많이 만져줄 수 있는 애무가 좋다고 합니다. 남자친구가 급하게 들이댄다면 속삭이듯 우리 처음인데 사랑받고 있는 느낌이 들게 부드럽고 천천히 해달라고 말씀하신다면 충분히 남성분께서 그렇게 노력해주실 겁니다. 그렇지 않고 마음대로라면 이 남자는 자신의 욕구만 채우려고 하는 것이니 헤어짐이 나을지도 모르겠습니다.

팁 당신을 실험 대상으로 생각한다면 헤어짐이 낫다!

모태솔로녀 vs 경험이 많은 남자

모태솔로녀가 경험이 많은 남자를 만나 사귈 수도 있습니다. 잠자리 관계에서 잘하고 스킨십에 능숙한 남자라고 해서 여자 경험이 많다는 것을 의미하는 것 같지는 않습니다. 여성분의 마음을 잘 헤아리는 역량이 있는 것인데, 운동신경처럼 빨리 익히시는 분도 있을 겁니다. 후천적인 노력으로도 충분히 가능하며, 남성분의 노력 여하에 달려 있는 것 같습니다.

오히려 조금 놀아본 언니들의 말을 빌리자면, 연애에 자신 있어 하는 빼질빼질한 바람둥이 스타일의 남자는 최소한 여자가 좋아하는 것과 싫어하는 것을 잘 알기 때문에 더 편하다는 말씀도 하십니다. 스킨십에 능숙한 남자라면 당신이 연애 경험이 많은지, 스킨십에 익숙한지, 지금 스킨십을 해도 되는지 감각적으로 알고 있을 겁니다. 굳이 당신이 원하지 않는다면 시도하지 않을 확률이 더 높습니다. 20대 남자 대학생이 참고 기다릴 수 있다는 것은 당신을 정말 좋아하기 때문입니다. 남자의 입장에서 만나기 힘들 정도로 당신의 외모가 출중하다거나, 무언가 큰 매력이 있기 때문에 시도 자체를 못 할 수도 있습니다. 또한 스킨십만이 목적이었다면 당신과 사귀고 있지는 않을 테니까요.

우선 스킨십이 진도가 나가게 되면 남성분이 리드를 잘해줄 겁니다.

리드를 잘한다는 것은 서로가 특별히 요구를 하지 않고 말하지 않아도 자연스레 착착 스킨십 진도가 나가는 것을 말합니다. 잠자리 관계에서도 누가 먼저 옷을 벗거나 얘기를 하지 않아도 자연스럽습니다. 무엇보다 자세를 이렇게 해달라거나 저렇게 해달라거나 요구하는 것이 아닌, 자연스레 자신이 원하는 자세가 나오게끔 리드를 하게 됩니다. 예를 들어 섹스가 처음이신 여성분의 경우 상위에 있게 될 경우, 무릎을 살짝 들어주어야 하는데, 만약 그렇게 해주지 않는다면 남자분의 허리에 무리가 갈 수 있습니다. 또한 후배위의 경우에도 위치를 어느 정도 맞추어주어야 하는데, 여성분 입장에서는 처음이다 보니 이런 것들이 어려울 수도 있습니다. 하지만 스킨십에 능숙한 남자분이라면 이런 상황들을 알고 여성분이 부끄럽지 않게 자연스레 이끌어 나갈 수 있는 것을 말합니다.

잠자리 관계를 하면서 좋으냐고 묻기보다는 따뜻한 말 한마디를 해줄 수 있고, 끝나고 나서 자신의 욕구만 채우는 게 아니라 당신의 체온이 천천히 식어 가라앉을 때까지 꼭 안아줄 수 있는 남자야말로 능숙한 남자일 것입니다. 이 여자 저 여자한테 집적대는 바람둥이를 만나라는 것이 좋다는 얘기가 아니라는 것을 아시겠나요? 여자를 잘 꼬드긴다는 것과 스킨십에 능숙한 남자는 전혀 다른 것입니다. 스킨십에 능숙한 남자는 만남에서 잠자리 관계까지 여성을 배려해주고 따뜻하게 리드해나가는 남자를 말하는 것입니다. 이런 남자를 빨리 만날수록 두 번째 연애 가치관이 잘 형성될 수 있습니다.

팁 ▸ 나에게 맞게 잘 리드해주는 남자가 좋다!

RULE 09: 스킨십 진도

경험녀 vs 모태솔로남

여성분이 경험이 있는 경우에 대해 살펴보겠습니다. 여성분이 잠자리 경험이 있더라도 거부감이 있는지 없는지, 또 한 번 고려해볼 필요가 있습니다. 섹스에 대한 경험이 있고 좋은 기억으로 남아 있어 거부감이 없다면, 당신은 어떤 남성을 만나더라도 자신 있으실 겁니다. 또한 원하는 방향으로 남자분을 이끌 수도 있고, 스킨십 수위도 자신이 조정 가능할 것입니다. 여기에 해당되시는 분들이 유의하실 점이라면, 스킨십에 대해 잘 모르고 리드 못 하는 샌님보다는 여자의 마음을 잘 이해하는 바람둥이나 나쁜 남자 스타일이 잘만 길들이면 더 낫다고 생각할 수 있다는 것입니다. 이런 연애를 계속 하다 보면 빠른 시간 불타오르고 헤어짐도 빠를 수 있어, 끝이 늘 허무해지는 경향의 연애 스타일이 굳어질 수 있습니다. 경험은 있는데 크게 좋은 기억이 있는 것도 아니고, 그렇다고 특별히 좋지 않은 기억도 없어, 해도 그만 안 해도 그만이며 거부감도 크게 없는 분들이 가장 많으실 텐데, 두 번째 연애 가치관이 형성됨에 있어 섹스로 인한 행복 및 만족감이 없어서 그럴 수 있습니다. 이번에 만나는 남자친구를 통해서 두 번째 연애 가치관이 행복하게 정립될 수 있도록 서로가 존중하고 신뢰하며 사랑을 나누어보시길 바랍니다.

이때 남자가 경험이 있고 스킨십 리드를 자연스럽고 당신이 사랑받고 있다는 느낌이 들게 잘 이끌어 나가는 분이면 좋겠습니다. 경험이 있는 거의 모든 남자들은 자신이 잘한다고 생각하지만, 여러 가지 시도를 통해 여성분을 불편하게 하거나 자신만의 욕구를 채우기 바쁜 남자들이 많으며, 나쁜 남자를 만나게 되면 또 같은 상황이 반복될 수 있습니다. 오히려 경험이 없는 남자가 더 편할 수도 있습니다. 적어도 여성분이 남자보다 더 연애 경험에 있어 앞서 있기에, 남성분의 말과 행동을 보면 다음 상황이 보일 것입니다. 스킨십 진도 나가는 것이 어색하고 서툰 모습을 보며 나에 대한 마음이 진심인지 아닌지도 파악하기 쉬울 겁니다.

신뢰가 가지 않아 마음의 문이 열리지 않는다면, 그의 스킨십 진도를 늦추고 잠자리 관계까지 나가지 않아도 됩니다. 앞선 연애의 경험이 좋든 안 좋든 이별이 꼭 나쁜 것만은 아니랍니다. 자양분이 되어 다음 연애는 이렇듯 남성을 파악하는 데 조금 더 편해질 수 있습니다. 남자 친구가 당신을 진심으로 좋아하는 마음이 느껴진다면, 피임기구를 잘 준비해서 잠자리 진도까지 나가보셔서 행복한 두 번째 연애 가치관이 정립되길 바랍니다.

팁 연애는 서로에 대해 만지고 싶다는 그리움이 느껴져야 한다!

RULE 10: 스킨십 진도

경험녀,
하지만 필수는 아닌 여자!

여자에게 30이라는 숫자는 가혹할 수 있습니다. 능력 있고 멋진 남자친구도 없고, 모아놓은 돈도 없으며, 출중한 외모를 가진 것도 아니고, 정년이 보장되는 안정적인 직장이 있지도 않을 수 있습니다. 주위에서는 멋진 남자를 만나 결혼한다는 소식이 들려오며, 주말에 결혼식장 들러리와 함께 축의금 빠져나가는 것도 만만치 않습니다.

수많은 여성분들을 상담하고 코칭해주며 알게 된 사실은 20대에 잠자리 스킨십의 행복감을 느껴보고 두 번째 연애 가치관이 잘 형성되어 있는 분들은 직장을 가진 이후 종합적으로 판단하게 되는 세 번째 연애 가치관으로 넘어가거나, 30대가 되더라도 자신이 원하는 남성분을 만나 연애할 확률이 높다는 점이었습니다. 반면, 그렇지 못한 여성분들의 경우에 가장 큰 원인은 20대에 취업준비로 인해 연애를 등한시한 분들이 많았습니다. 그나마 취업준비 전 두 번째 연애 가치관이 잘 형성되어 있는 분들은 취업준비로 1~2년 연애를 쉬고 취업 후 연애를 시작하더라도, 다시 좋은 기억이 살아납니다.

하지만 취업준비 전 행복한 잠자리 스킨십의 경험이 없는 여성분의 최악의 사태는 대학 4년, 어학연수 1년, 휴학 1년, 취준생 또는 공무원이나 임용준비 기간 2년 정도, 취업 후 자리 잡고 해외여행 2번 정도

갔다 오면 금방 30이고, 약 10년 동안 잠자리 스킨십에 대해서는 전혀 생각해볼 겨를도 없던 분들입니다. 그렇다고 취업이 잘된다고 해서 연애가 잘되는 것도 아니랍니다. '연애 노력 정당화 법칙'에 따라 자신의 노력을 보상받기 위해서 '비슷한 사람'을 외쳐댈 것이고, 공무원이나 교사가 되면 직업 특성상 스킨십에 더 보수적일 수 있습니다. 연애를 포기하면서까지 준비했는데 원하는 곳에 취업하지 못하면 일과 사랑 모두 꼬일 수 있는 점도 염두에 두시길 바랍니다.

그렇다 보면 남자가 사회적 역량이 있는 것에 더 점수를 주고, 그가 원하는 연애 스타일에 맞추어주거나 끌려가는 연애를 하는 경향이 생길 수도 있습니다. 직장인이 되고, 30이 넘어도 여성분들 중에 섹스 경험은 있으나 정말 좋은 것인지 모르겠다는 분들이 많습니다. 남자를 사귀어도 필수가 아닌 '해도 그만 안 해도 그만'이라는 분들이 많은데, 잠자리 관계를 나누었던 남성분이 사랑받는다는 느낌을 전달해주지 못한 것은 물론이거니와 자신의 욕구 채우기에 급급했을 수도 있습니다. 또한 불편하다거나 좋지 못한 느낌, 아프다는 생각만 들어 전혀 좋은지 모르겠다는 분들도 있습니다.

이런 경험이 있는 여성분들의 경우, 남자친구에게 호감이 당연히 있어 데이트를 하고 키스까지의 진도는 너무나도 좋은데, 잠자리 스킨십으로 넘어가자고 하면 두려움이나 거부감이 들 수도 있습니다. 남자친구가 좋아하니 '그냥 하면 하는 거'라고 생각하는 분들도 있는데, 잠자리 스킨십을 하게 된다면 사랑받는 느낌이 들 수 있도록 조금 더 오랜 시간 정성스럽게 만져달라고 직접 얘기하시길 바랍니다. 오히려 여자친구가 섹스에 대해 적극적이라고 생각해서 굉장히 관대해지고 요구 상황을 다 들어줄 겁니다. 과거의 좋지 않은 경험으로 인해 거부감이 있었다면, 그 기억보다 더 좋은 느낌을 가질 수 있도록 노력한다면 얼마든지 극복이 가능합니다. 또한 취업을 하고 30세가 된다고 해서 안

되던 연애와 스킨십이 잘되는 것은 아니랍니다. 20대에 경험하고 해볼 수 있는 것들을 누려보시길 바랍니다.

 팁 <u>20대에 할 수 있는 것들은 20대에 해야 한다!</u>

8장

세 번째 연애 가치관

직장(종합적 판단)

RULE 01: 직장인 시작

세 번째 연애 가치관의 시작!

'세 번째 연애 가치관'이란 직장인이 되고 경제력이 생겨나면서 남자를 선택할 때, 사회적인 관점에서 보이는 능력을 중심으로 종합적으로 판단하게 되는 것을 말합니다. 당신이 좋든 싫든 간에 직장인이 된다면, 세 번째 연애 가치관이 형성되는 시점으로, 남자에 대해 생각할 때 이것저것 살펴보게 됩니다. 현실적인 기준으로 경제력을 보지 않을 수 없고, 마지막 연애를 향해 결혼을 전제로 할 수 있는 만남을 생각할 것입니다. 현재 남자친구가 있어도 최종 결정을 해야 하는 건지 말아야 하는 건지 고민이 되는 부분일 것입니다.

또한 두 번째에서 세 번째 연애 가치관으로 넘어가면서, 당신의 스킨십 경험에 따라 앞으로의 연애 라이프 스타일이 바뀌게 될 것입니다. 직장인 남성이라면 여성분이 당연히 잠자리 스킨십 경험이 있고, 이를 즐길 정도가 되며, 연애로 진행되기 전 교제로 인해 서로 알아가는 예열 시간을 생략하고 빠른 스킨십 진도를 원할 것입니다. 이 시점이면 남성들도 연애에 있어 많이 똑똑해져 있습니다. 남자도 결혼에 대해 전혀 생각 안 할 수 없고, 데이트 비용이라는 주머니 사정을 고려한 경제적인 효율성도 생각합니다. 그래서 한 번 사귀더라도 정말 원하는 여성과의 멋진 만남을 원하며, 제대로 사귀고 싶어 합니다.

당신의 외적 이미지면 외모, 직업이나 직장, 자신과 여성분의 거리 등을 고려하며 이것저것 비교해볼 겁니다. 그저 단순히 서로가 호감만으로 그냥 사귀면 되는 시절은 지났습니다. 또한 조금 불편한 말씀일 수 있지만, 앞으로 당신의 연애는 직장인이 되기 전 섹스에 대한 경험이 있고 없고, 섹스에 대한 경험이 있더라도 즐길 수 있는 정도인지 아닌지, 거부감이 있는지 없는지에 따라 크게 나누어질 것입니다. 이제 슬슬 나보다 못하다고 생각되던 여자사람친구가 좋은 남자를 만나 연애를 잘하고, 좋은 조건의 남자와 결혼하는 소식이 전해져 오기 시작합니다. 이보다 더 짜증나는 일은 없을 텐데, 그녀들은 당신이 몰랐던 스킨십에 대한 생각과 진도에 대해 훨씬 더 능숙했을 수 있습니다.

　　직장인끼리는 사회적인 입장과 자존심 때문에 아무리 친한 친구라도 섹스에 대한 경험과 느낌에 대해 학생 때만큼 서로 터놓고 얘기하기 어렵습니다. 당신은 사회적으로 성실했고, 열심히 공부했고, 나름 괜찮다고 하는 직장에 취업했지만, 연애에 대해서는 공부해본 적이 없을 것입니다, 또한 연애와 결혼이 당신의 발목을 잡거나 아킬레스건이 될지는 꿈에도 생각 못 했을 것입니다. 취업이라는 어려운 관문을 통과하고 한숨 돌리면 업무로 바빠지고, 주말이면 쉬고 싶다는 생각뿐이며, 휴가 때는 해외여행이라도 다녀와야 할 것입니다.

　　여성들이 생각하는 29세와 30세의 차이는 어마어마하다는 것을 잘 아실 겁니다. 직장과 라이프 스타일도 중요하지만, 결혼을 안 하지 않을 거라면, 20대 중후반에 다른 가치보다도 조금 더 상위개념으로 놓고 연애 공부를 통해 세 번째 연애 가치관의 형성을 미리 준비하고 있어야, 당신이 원하는 사람을 만나게 되면 내 사람으로 만들 수 있는 확률이 높아지며, 꿈꾸는 결혼 가치관이 잘 형성될 수 있을 것입니다.

 팁 직장인이 되기 전 세 번째 연애 가치관을 미리 준비하라!

아직 남자의 외모를 포기 못한다!

20대 여자 대학생들이 남자 직장인을 만난다고 해서 더 대단해 보일 것도 없고, 나이 차가 많이 나지 않는 것을 다행이라고 생각할 수 있습니다. 입사한 지 얼마 되지 않았다면 호감에 대한 기준을 학생 때와 마찬가지로 외적인 이미지에 점수를 많이 주는 경우가 많습니다.

우선 대학생 입장에서는 키가 크고 훈훈한 이미지의 남성에게 끌리는 것이 당연할 수 있습니다. 직장인이 되면 헐렁한 옷, 빈티지, 힙합 패션이 아닌 셔츠와 슈트가 어울리는 남자들이 눈에 들어오기 시작합니다. 이 기준을 기본으로 하여 남자가 학벌이 좀 더 좋거나, 공부를 잘한다거나, 운동을 잘한다거나, 리더십이 있다거나, 일처리를 잘하는 모습을 보면, 그것이 하나의 장점이면서 하나의 차이를 만들곤 합니다.

여성분께서 연애를 학생 때 해볼 만큼 해봤으며, 소개팅을 하면 성공률도 괜찮고, 가끔 길거리 헌팅도 당한다면 속으로 아직 살아 있다면서, 남자친구가 당장 급하지 않다고 생각할 수 있습니다. 20대 여성분이 나름 괜찮다고 생각하는 회사에 취업을 성공하면 경제력이 생기면서 예쁜 옷도 사 입을 수 있고, 휴가철이 다가오면 학생 때 가보지 못한 해외 관광지를 가보고 싶다는 생각도 할 것입니다. 직장에 들어가게 되면 선배가 해주는 소개팅이나 주위의 지인이 주선을 나서기도 합니다. 나도 어디선 모자람이 없다는 생각과 함께 남들이 좋다고 하는 남자의 직업이나 직장을 살펴보거나 들먹이기 시작할 것입니다. 직장이 좋다는 남자와 소개팅도 하고, 직업이 괜찮다는 남자도 만나보는데, 호감이 가지 않을 수도 있습니다. 가장 중요한 것은, 남자로 느껴져야 사귀는 것을 시작하든가 말든가 할 텐데, 남들이 볼 때 좋다는 건 알겠는데 마음이 움직이지 않을 수 있습니다. 이유라면, 20대 중후반의 직장인이 되었는데 아직 학생 때 갖고 있던 연애 라이프 스타일에서 못 벗어나고 있기 때문일 수 있습니다. 당신이 학생 때 쉽게 만날 수 있던 외적 이미지가 좋았던 남자를 만나야 호감이라는 게 갈 텐데, 그렇지 않고 차이가 있을 수도 있습니다.

또한 30대 초반의 남성도 나이가 많은 것처럼 느껴질 수 있습니다. 무엇보다 남자의 이미지가 중요합니다. 큰 키에 훈훈한 외모가 우선이고, 그다음이 직업이나 직장이라는 사실을 뒤늦게 알게 될 수도 있습니다. 신께서는 모든 걸 다 주시지는 않는 것 같습니다. 직장인이 되는 시점에 남자친구가 없거나 새로운 누군가를 만나야 한다면, 조금은 연애에 대해 욕심을 내고 서두르시길 바랍니다. 확률은 적지만 외적 이미지와 능력, 둘 다 갖춘 남자들을 만날 수도 있습니다. 아니라면 둘 중 하나, 노선을 빨리 선택하시는 것도 방법입니다.

안타깝게도 많은 20대 중후반의 직장인 여성분들은 남자의 외적 이미지에 더 호감을 많이 가지며, 직장에서의 적응과 경제력으로 사고 싶은 것, 하고 싶은 것, 가고 싶은 곳에 시간과 비용을 쏟으며 30이라는 숫자를 찍고서야 현실적인 남자를 만나야겠다는 생각을 하곤 합니다.

 팁 취업과 동시에 현실적인 관점으로 빨리 전환하는 사람이 유리하다!

RULE 03: ONLY 소개팅

직장인 연애 메커니즘!

대학생일 때만 해도 남자를 만날 수 있는 기회는 한없이 많았습니다. 동아리, 학과 및 교양수업, 스터디 모임, 클럽 등, 손만 뻗으면 남자를 만날 수 있었고, 1:1 소개팅으로 만나는 것이 오히려 촌스럽게 느껴지기까지 할 수 있습니다. 남자를 본격적으로 만나려고 단체 미팅을 하게 되면, 잘 모르는 남자들과 술 마시고 노는 것이 전부였고, 그중 서로 호감이 가면 연락처 교환하고 카톡으로 대화를 나누고 나서 한 번 더 만나 볼지 고민을 하게 됩니다. 만나보더라도 서로 아닌 것 같으면 '빠이'라는 말과 함께 쿨하게 헤어지는 것도 가능했습니다.

하지만 직장인이 되고 나면 남자를 만날 기회가 확실히 줄어듭니다. 지인이나 직장 선배가 주선해줘서 만나는 소개팅이 거의 전부입니다. 지금까지 해왔던 연애 라이프 스타일이 바뀌게 되면서, 갑자기 안 하던 격식이나 예의를 갖추고 배려를 해줘야 하다 보니, 신경 쓰이는 게 한두 가지가 아닐 수 있습니다. 직장인 선배나 지인이 주선자이다 보니, 내 스타일이 아니더라도 막 대하지 못하고, 체면치레는 해야 하며, 형식적인 만남을 가질 수도 있습니다.

하지만 이러한 소개팅이 이제 직장인 연애 메커니즘의 시작일 뿐이랍니다. 그래서 직장인이 되고 나면 연애 메커니즘의 시작점이 되는 소개팅에 빨리 익숙해지셔야 합니다. 학생일 때는 대학교, 클럽, 동아리, 학원, 친구들, 선후배, 지인들이라는 울타리 내에서 공급되는 남자들이 넘쳐났고, 서로가 범위를 좁혀서 선택하고 결정해야 할 정도로 범위가 아주 넓었습니다. 조금만 괜찮은 느낌이 있어도 사귈 수 있었고, 아니라고 생각되면 바로 차버릴 수도 있었습니다. 하지만 직장인이 되면 주선자의 울타리 내에 있는 남자 중에서만 만남을 가져야 하는 경우가 많기에, 남자 인맥이 많은 지인을 넓히는 방법이 있지만, 그마저도 부탁할 사람이 많지 않다면 남자를 소개받는 것조차 어려워집니다.

학생일 때는 당신이 움직이는 곳마다 남자가 있어서, 1년이라는 시간이라고 치면 수많은 남자들이 스쳐지나갔을 것입니다. 또한 어떤 상황에서도 남자친구를 만들 수 있었고 지켜볼 수 있는 검증의 시간이 자연스레 주어지지만, 직장인이 되면 고작 1년에 5번 소개팅(보통 결혼 정보회사의 기준)하면 많이 하는 것이고, 그중에서 한 명을 선택해서 검증의 작업을 마쳐야 사귀는 단계로 갈 수 있습니다. 만남의 과정에서 좀 더 잘되기 위한 전략이나 전술이 있겠지만, 그보다 소개팅을 하게 되면 여성분 입장에서는 무조건 애프터 신청을 받고 봐야 한다는 것입니다. 두 번째 만남을 하든 말든 그 결정은 여성분이 해야지, 남자가 당신을 차버려서는 안 됩니다. 직장인 소개팅의 과정으로 볼 수 있는 소개받는 법, 약속 일정 잡는 방법, 소개팅 진행 방법, 소개팅을 마치며 헤어지는 법, 마음에 들지 않는 남자 기분 나쁘지 않게 거절하는 방법, 주선자의 입장도 고려하기 등이 익숙해져야 합니다. 그래야만 추후 마음에 드는 남자가 바로 앞에 앉게 될 경우, 내 사람으로 만들 수 있는 역량이 생길 것입니다. 고 3과 대 1의 차이가 엄청나다고 말하지만, 특히 연애 라이프 스타일에 있어서 대학생 4학년과 직장인 1년 차의 차이는 하늘과 땅, 그 이상일 것입니다. 누군가는 이번 주말, 이 차이를 알고 멋진 남자 직장인과 소개팅을 하고 사귀게 될 것입니다.

팁 직장인 소개팅은 가급적 거절하지 말고, 애프터는 무조건 받아야 한다!

주선자와의 관계 고려하기!

직장인이 되고 나서 소개팅이 많이 들어온다는 것은 행복한 고민일 것입니다. 어찌되었건 당신이 인간관계를 잘하고 있는 거라고 봐도 좋습니다. 하지만 세상에 공짜는 없습니다. 주선하는 입장에서는 손익계산이 서는 것이 당연할 수 있으니 나쁘게 생각은 말고, 상황이 허락하는 한 다 만나보시길 권장하여 드립니다. 그래도 주선자들이 봤을 때 당신의 외적 이미지가 남자들한테 충분히 어필할 수 있을 거라는 생각에 주선을 나서게 되는 것입니다.

물론 주선자는 남자분 쪽의 입장에서 무언가 대가성일 수도 있고, 직장 상사라면 당신에게 충성심을 바라고 있을 수도 있습니다. 어찌되었건 소개팅은 들어오는 대로 다 해보셔야 합니다. 한 번 거절하면 두 번 다시 주선자는 당신한테 소개를 해주지 않을 겁니다. 또한 소개팅을 했는데 남자분이 주선자의 말과 달리 본인의 스타일이 아니었다면 소개팅 후, 먼저 주선자에게 언급하지는 않는 것이 좋습니다. 주선자가 물어본다면, 그때 답을 하시길 바랍니다. "좋은 분이지만 저하고 잘 맞지 않았던 것 같습니다. 다음번에는 이런 분 계시면 소개 부탁드려요. 감사합니다"라고 말씀하시면 정중함을 잊지 않고, 주선에 대한 감사함과 동시에 다음 요구도 확실히 한 것이 되기에 주선자 입장에서 당신의 말을 무시하고 소개해주지는 못할 것입니다.

2번까지는 주선자와의 관계를 생각해서 소개팅에 임하시길 바랍니다. 언급했음에도 3번의 소개를 받았는데 개선되지 않는다면, 그분이 소개해주는 소개팅은 다음에 정중하게 거절하시면 됩니다. 친구가 해주는 소개팅이라면 친구의 이성 친구 유무와 친구와 소개팅남의 관계를 확실히 아셔야 합니다. 여자사람친구라면 그 친구가 남자친구가 있는지 확인해보시길 바랍니다. 좋으면 자신이 만날 텐데 당신에게 소개해주는 것이 이상합니다. 이럴 경우, 그럴만한 상황이 있는지 간접적으로 소개남과의 관계를 한 번 알아보시는 것이 좋습니다.

또한 남자사람친구가 주선자일 경우, 당신이 주선남에게 전혀 감정이 없는지, 자신의 마음상태를 한 번 확인해보셔야 하겠습니다. 한 다리가 넘어가는 소개팅일 경우, 주선자만 보고 결정하는 일은 없길 바랍니다. 예를 들어 주선녀의 남자친구의 친구를 소개 받는 경우, 주선녀가 직접적으로 잘 알지 못하는 관계가 많기에 주선녀의 말을 모두 받아들여서는 안 되고, 주선녀가 한 번도 보지 못했거나 직접적으로 잘 모르는 관계인 경우가 많습니다.

어른이 소개시켜주는 소개팅은 더 주의를 기울이셔야 합니다. 부모님이나 친척어른이 주선하는 경우, 실제로 그 소개남을 모를 겁니다. 서로가 스펙이라는 서류만 통과하고 양쪽의 어르신이 보장한다는 상황이라 거절하기 어렵습니다. 2~3번의 만남은 그냥 진행되며 웬만하면 교제까지 이어지고, 스킨십 진도까지 빠르게 나갈 수 있습니다. 브레이크 걸기가 어렵고 거절이 힘들다고 생각할 수 있는데, 마음에 들지 않는다면 부담 가지지 마시고 바로 멈출 수 있어야 하겠습니다.

직장 상사가 주선하는 경우, 소개팅 남을 주선남과 같은 직급으로 동일시해서 생각하는 경우가 있습니다. 전혀 그럴 필요 없는데 당신이 20대 중후반의 사회 초년생일 경우, 아직 그의 말 한마디가 신경 쓰이기 때문에, 직장 상사분이 주선하는 소개팅은 거절이 힘들 수 있습니다. 그분이 센스 있다면 소개팅 이후, 물어보지 않으실 겁니다. 주선자와의 관계와 입장을 확인하여 소개팅에 임하시고, 거절 시 잘 마무리 하셔야 추후 주선자를 원망하거나 관계가 불편해지지 않을 것입니다.

 팁 **주선자의 입장과 소개팅남과의 관계를 확인해보자!**

내 마음 확인하는 방법!

이제는 소개팅을 나가도 과거처럼 한눈에 반한다거나, 한번에 설렌다거나, 강한 이끌림을 느끼지 못하게 되는 상황이 더 많을 겁니다. 직장인이 되고 나면 소개팅 남을 종합적인 기준으로 판단하게 되기에, 자신도 모르게 더 까다로운 사람이 되어 있을 수 있습니다. 주위에서는 눈을 낮추라고도 하는데, 그동안 보고 들은 것, 만나보고 경험한 것들이 있다 보니 눈은 나이가 많아졌다고 해서 낮추어지는 게 아니랍니다.

다만 안타까운 것은 자신이 정말 어떤 남자를 좋아하는지 자기 마음을 자신도 모르는 상황이 생기기도 하는 것입니다. 좋은 게 좋다는 생각으로 모든 것을 다 갖춘 남성을 마냥 바라고만 있을 수도 있기 때문입니다. 이럴 경우, 내 마음을 객관화하기 위해 종이에 한 번 적어보는 것도 좋습니다. 예를 들어 나이는 몇 살부터 몇 살까지, 키는 몇 센티미터 이상, 학력은 어느 정도 이상, 이미지는 어느 정도 등을 종합적으로 정해보는 것입니다. 그리고 가장 중요한 것은 자신이 정해놓은 객관화된 현실형에 맞는 사람과 소개팅이 진행될 경우, 그 남자가 무조건 당신한테 애프터를 해야 한다는 것입니다. 본인이 정해놓은 기준의 남자가 당신을 거절하는 상황이 생긴다면, 몇몇 요소들을 하향 조정 후, 약한 부분에 대해서 당신의 매력을 높여가야 할 것입니다. 당신의 매력 요소가 평균적으로 모두 높아져 원하는 기준의 남자들과 소개팅을 하면 애프터가 들어오는 것이 우선입니다. 이게 된다면, 그다음은 관문을 만들어놓길 권장하여 드립니다.

예를 들어 어떤 여성분은 두 가지 관문을 만들었는데 '나를 정말 사랑하는지와 정말 돈이 많은지'만 확인한다고 합니다. 이 안에서 자신만의 관문 테스트 방법은 자기가 만들어놓아야 합니다. 새벽 1시에 술 취한 나를 데리러 올 수 있는지, 밥을 먹는데 돈 아끼려 싼 것만 주문하는지, 돈 자랑만 하는 허세남이 아닌, 자신을 위해서 쓸 데는 쓸 수 있는지를 본다고 합니다. 이렇게 관문을 통과하고 나면, 의심의 여지없이 연애를 시작한다고 합니다. 그리고 사랑할 때는 그 어느 커플보다도 거침없이 뜨겁게 달아오른다고 합니다. 그 남자가 설령 잠자리만을 목적으로 했거나 빠른 헤어짐이라고 해도, 그건 사귀고 나서 이후의 상황일 뿐이라는 겁니다. 내가 정해놓은 괜찮은 남자의 기준이고, 그 관문을 통과했으면 사귈 수 있는 게 맞습니다.

하지만 많은 여성분들이 관문을 너무 많이 만들어서 어떤 남자도 통과할 수 없게 만들어놓거나, 관문을 통과해도 마음을 허락하지 않는 것이 문제입니다. 이렇게 되면 당신의 연애는 너무 어려워지고, 30을 넘겨도 더 심해지면 심해지지 더 나아지지 않을 것입니다. 일명 나이트 부킹 시스템처럼 '다음에 더 괜찮은 사람이 나오겠지'라는 생각에 빠지면 시간만 흘러가고, 처음에 만난 사람이 제일 괜찮은 남자였다는 사실을 추후에 깨닫게 될 수도 있습니다.

결혼 상대가 될 수 있는 마지막 연애라는 부담 때문에 사람을 선택하는 것 자체가 어려운 것은 이해합니다. 당신이 생각하는 최대한 완벽한 사람을 꿈꾸게 되지만, 사람을 만나는 것 자체를 어려워하지 않으시길 바라며, 아니라면 헤어져도 된다는 생각으로 교제부터 차근차

근 시작해보시길 바랍니다.

 팁 <u>관문을 만들고, 통과하면 허락해도 괜찮다!</u>

만날 수 있는 남자도 달라진다!

20대 여성들의 주거지역은 크게 학생 때와 직장인으로 나누어집니다. 20대 여성들이 연애를 할 때 잘 생각하지 못하는 부분 중에 하나가 바로 생활권입니다. 대학생 때는 주로 자신의 학교를 중심으로 생활권이 자연스레 형성되다 보니, 별 생각 없는 경우가 많습니다. 매개체가 될 수 있는 생활권은 교내, 인근대학, 연합 동아리, 스터디 모임 등이 될 수 있습니다. 주거지역으로 기숙사, 같은 지역, 같은 동네의 사람과 가까워질 수 있는 확률이 높습니다. 클럽이나 타 모임에서 만나더라도 거리에 대한 부담을 가지지 않고, 남자가 어느 동네에 살든 상관하지 않습니다. 생활권이라는 매개체로 인해 어떻게든 자주 만나게 되기 때문입니다. 또한 같은 남자 대학생이 아직은 시간도 많고, 순수한 마음인지 거리가 멀어도 크게 신경 쓰지 않고, 잘 데리러 왔다가 잘 데려다 주곤 합니다.

그런데 직장인이 되고 나면 모든 일이 직장이 중심이 되어버립니다. 집에서 거리가 멀면 자취를 생각해볼 수도 있고, 학생 때 혼자 살던 여성분의 경우, 이제 학교가 아닌 직장을 중심으로 이사하게 될 것입니다. 남성분도 마찬가지로 주거지역과 생활권이 바뀌면서, 여성을 만날 때 자신의 거주지역과 여성과의 거리를 생각하지 않을 수 없게 됩니다. 사귀게 된다는 것을 전제하면 데려다 주고 자신의 집까지 돌아온다는 생각에 거리를 생각하지 않을 수 없는 것입니다.

여성분 입장에서는 남자의 주거지역 또한 고려 대상이 됩니다. 강남권에 살고 있는 남자가 좋아 보일 수 있습니다. 우선 서울 시내에서 강남 3구에 집이 있다는 것은 크게 부족함은 없는 중산층은 된다고 생각할 것입니다. 물론 그 내면은 들여다봐야 하겠습니다만, 확률적으로는 그 지역에서 혼자 자취를 하는 남자라면, 최소한의 비싼 월세를 감당할 수 있을 것이기에 돈이 조금 있어 보일 수도 있습니다.

직장인이 되어 사람이 어느 동네에 산다고 하면, '잘사는 동네, 못 사는 동네'라는 좋지 않은 인식이 아직까지 많이 남아 있습니다. 예를 들어 남자가 청담동에 산다거나 강남 지역 오피스텔에 거주한다고 하면 다시 한 번 보게 되기도 합니다. 만약 당신이 연애와 결혼이라는 관점으로 경제력도 조금 있는 좋은 남자를 만나는 것이 목적 중에 하나라면, 어떻게든 서울 시내 중에서도 사람들의 인식으로 괜찮은 동네에 거주하고 있는 것도 간과할 수 없습니다. 주거비가 서울보다 경기도권이 저렴할 수 있겠지만, 경기도권에 부모님과 함께 거주하고 있는 경우가 아닌 이상, 당신이 생각하는 좋은 남자를 만나는 것이 우선이라면 조금 힘들더라도 '인 서울'을 고려해보시길 바랍니다. 왜 지방에서도 많은 여성분들이 서울시내에서 직장을 다니려 하고, 강남과 가까운 신림과 사당에 사람들이 몰리며, 경기도, 충청권에서 임용고사 시험은 보지만 서울에 직장 다니는 남성과 만나려 하는지 한 번쯤 생각해보시길 바랍니다. 사람은 어쩔 수 없이 직장을 따라 그 지역과 멀지 않은 곳에 터를 잡고 살아가고, 그 지역 내에서 크게 벗어나지 않는 남자를 만나 연애하고 결혼할 확률이 높습니다.

 팁 몸이 멀어지면 마음도 멀어진다!

당신의 이미지를 결정할지도!

많은 직장인 여성분들이 소개팅이나 남성과의 만남에 있어 저렴해 보이는 것을 싫어합니다. 치마 길이가 짧거나 노출이 조금 있는 의상, 화장이 진하면 이런 생각을 하실 수 있습니다만, 남자들은 그런 모습을 보고 좋아할 수는 있으나 유흥업 종사자로 생각하는 분들은 거의 없을 것이니 안심하셔도 좋습니다.

오히려 더 저렴하게 보이는 행동은 첫 잠자리 관계 시 싸구려 모텔에 가는 것일 겁니다. 20대 초나 대학생들이 아직 서로 경제력이 없기에 저렴한 모텔에 갈 수 있다는 생각은 가지지 말길 바랍니다. 남자가 섹스하러 가는데 모텔에 갈 돈이 없어 못 했다는 얘기는 들어본 적이 없습니다. 아마 땅을 파서라도 당장 만들어 올 것입니다.

또한 첫 잠자리 스킨십만큼은 여성분의 집에서 하는 것을 비추천합니다. 나중에 데이트 비용 아끼고 원하는 것만을 얻으려 하는 남자의 꼼수와 함께 주말마다 눌러앉게 되는 경우가 많습니다. 남녀 간에 불꽃이 튀어 급한 마음에 근처 아무 곳이나 갈 수도 있고, 소싯적 한 번쯤은 만취 상황에서 모텔에 가본 경험이 있는 여성분들도 있을 것이고, 첫 관계를 술김에 나누신 분도 있을 것입니다. 하지만 직장인 연인 관계라면 첫 잠자리에서만큼은 술의 힘을 빌리더라도 취기로 인해 성욕만 살짝 끌어올리는 정도의 선을 권장하여 드립니다.

그래도 이왕이면 호텔이라고 적힌 곳이나 고급 모텔, 부띠끄 모텔을 이용하실 것을 권장하여 드립니다. 초두 효과라고 해서, 처음 이미지가 굳어져버리면 이후 그 이미지를 깨뜨리려면 상당한 노력이 필요합니다. 특히 첫 관계 장소는 앞으로도 지속되는 스킨십을 나누는 곳이기에 중요합니다. 낙인 효과라고 해서, 처음에 찍히면서 여성분과 동일시하는 효과가 있기에 신경 쓰시길 바라며, 조금 괜찮은 장소에서 사랑을 나누고 싶다고 당당하게 얘기하시길 바랍니다. 웬만하면 남자는 섹스에 관련된 요구를 다 받아줄 겁니다.

만약 당신이 잠자리 스킨십에 대한 요구에도 남자가 그냥 아무 곳, 가까운 데서 하자고 한다면, 당신을 그렇고 그런 여자로 생각하고 있다고 봐도 무방할 것입니다. 예를 들어 소개팅을 하는 남자가 아무리 능력이 많다고 해도 지하철역 앞에서 만나 근처 카페로 데려가서 커피 한잔 마시는 것과 실제 능력이 조금 부족하더라도 고급 레스토랑에서 만나자고 하는 남자 중에, 첫 이미지가 어디에 더 끌릴지는 굳이 얘기하지 않더라도 잘 아실 겁니다. 그 장소를 데려갈 수 있는 역량과 함께 레스토랑의 규모와 분위기를 동일시하게 되어, 그 남자분에 대해 더 긍정적으로 생각하게 될 것입니다.

직장인이 되어 당신이 사회적인 위치를 생각하며 옷차림이나 마음가짐이 너무 저렴하지 않아 보이려 노력하듯이, 남녀 간의 사랑을 나누는 장소 또한 남자친구에게 처음 심어줄 때가 중요합니다. 연애를 넘어서 열애 단계에 있거나 서로 불꽃이 튀기면 사랑을 나누는 장소가 중요하겠느냐마는, 더 소중한 사람이 되기 위해서 첫 관계는 최대한 사랑받는 느낌과 존중받을 수 있는 곳에서 나누어보시길 바랍니다.

팁 첫 관계 장소를 당신과 동일시할지도!

RULE 08: 스킨십 진도

여우 같은 고수는 어떻게 다를까!

여성들도 연애 고수가 있습니다. 여자들도 한 번쯤은 마음만 먹으면 모든 남자를 유혹할 수 있고, 그들의 마음을 이용할 수 있는 팜므파탈로 살아보고 싶어 하기도 합니다. 연애 고수들은 남성들에게 예쁨 받는 방법을 알고 있고 있습니다. 무엇보다 두 번째 연애 가치관이 행복하게 잘 형성되어 있어 스킨십에 능숙하며, 두려워하지 않습니다.

'여우 같다', '남자한테 꼬리 친다'라고 표현할 수도 있겠지만, 여자사람친구는 당신보다는 스킨십을 좋아하고, 두 번째 연애 가치관이 잘 형성되어 있기 때문에 남자가 원하는 것을 알고, 스킨십을 해야 하는 타이밍에는 확실하게 진도를 나가줍니다. 남자는 무조건 늑대라고 생각하며 스킨십에 두려움이 있는 여성분은 두 번째 연애 가치관이 잘 형성되어 있지 않은 경우가 많아 사회적으로 역량이 많고 아무리 좋은 남자가 앞에 앉아 있다고 해도 자신의 남자친구로 만들거나 오랜 연애를 하지 못하는 어려움을 겪을 수 있습니다.

많은 여성분들의 연애 패턴을 보면, 남자가 신뢰감을 주었을 때 잠자리 스킨십까지 진도를 나가게 됩니다. 이때부터 여자는 몸과 마음을 다 사랑해 줬다는 생각도 갖게 되고 남자를 더 좋아하게 되는 경우가 많습니다. 물론 남성분도 섹스 이후 책임감을 가지며 당신을 더 좋아하게 될 수 있습니다. 섹스는 서로 사랑을 확인하는 하나의 매개체 정도로 생각하시길 바랍니다. '내가 마음과 몸까지 사랑해줬으니 남자 친구는 나를 더 사랑해줄 거야'라는 생각으로 똑같이 좋아하게 되거나, 보상을 받는 것처럼 더 많은 사랑을 받을 거라는 바람은 고려하지 않는 것이 좋습니다. 남자는 섹스 자체는 물론이거니와 한 번 했다고 해서 큰 의미를 가지지 않습니다. 그러니 잠자리 스킨십에 너무 많은 의미를 담지 않으셨으면 좋겠습니다.

　잘못 오해해서 섹스를 즐기고 잘하는 사람만을 연애 고수로 생각하거나 섹스만을 목적으로 하는 저렴한 이미지로 착각하시면 안 됩니다. 연애 고수는 두 번째 연애 가치관이 잘 형성되어 있어 스킨십에 두려움이 없다 보니, 남자의 의도와 움직임이 잘 보이는 겁니다. 연애 고수는 여성이 가질 수 있는 장점과 자신의 매력을 최대한 발산하여, 내가 원하는 남자를 내 것으로 만들 수 있는 역량을 갖춘 매력적인 여자입니다. 이것저것 따지고, 확인하는 데만 오랜 시간이 걸려 좋은 남자를 놓치고, 질질 끌려가는 연애를 하면서 헤어지면 못 잊고 눈물로 밤을 지새우며 가슴앓이 하는 여자가 아니랍니다. 자신이 정한 관문을 통과하고 진심으로 나를 좋아하는지 확인만 되면, 짧게 만나더라도 그 순간만큼은 정말 뜨거운 사랑을 하고, 헤어질 때는 뒤돌아보지도 않을 정도의 쿨한 생각을 갖고 있어, 남자가 매달리게 되는 멋진 여자입니다.

　팁 한 번쯤은 팜므파탈 같은 연애 고수가 되어보는 것도!

알아두면 좋은 소소한 Tips

20대 대학생에서 직장인으로 넘어가면서 조금은 헷갈리는 부분들이 있을 수 있어, 연애라는 관점에서 몇 가지 소소한 Tip을 드리도록 하겠습니다.

연령대의 초중후반을 어떻게 나누나요?

아래 받침이 'ㅅ' 자가 들어가면 중반입니다(스물셋, 넷, 다섯, 여섯). 그 외 앞뒤로 초반, 후반으로 보면 됩니다.

취준생, 대학원생은 학생인가요, 직장인인가요?

어디까지나 연애라는 관점에서 봤을 때 졸업유예 또는 졸업 후 취업이 된 상황이 아니라서 수익이 전혀 없는 취준생이라면, 아직 학생 신분으로 보는 게 맞습니다. 캠퍼스 생활은 누리고 있지만 석사과정이나 박사과정에 있는 대학원생은 연구비 및 조금의 여분의 비용을 벌 수 있기에 직장인으로 보는 것이 맞습니다.

남자친구가 아직 취업한 지 얼마 되지 않은 직장인이라면, 아직 완전 직장인이라고 보기 어려운 대학원생이나 취준생의 경우라도 이해는 되겠지만, 데이트 비용을 전액 낸다면 조금은 부담스러워할 수도 있으니, 가끔은 여성분도 이런 남자친구의 마음을 이해해줄 수 있어야 하겠습니다.

신입사원은 입사 후 몇 년차까지인가요?

보통 3년이 지나면 대리라는 직급을 달게 됩니다. 3년 미만까지를 신입사원이라고 보시면 됩니다. 이때까지 회사에 적응하느라 정신없어 연애를 못 하는 안타까운 상황이 많이 발생하기도 합니다.

대학생 남자친구가 있는데, 직장인 남성이 조금 더 끌리기 시작합니다. 어떻게 해야 하나요?

옷차림이나 마인드부터가 다르기에 그렇게 느끼는 것이 당연할 수도 있습니다. 대학생 남자친구가 어리광을 부리고 말도 안 되는 떼 쓰는 모습을 보인다면, 깔끔한 슈트가 잘 어울리거나 일처리를 잘하는 직장인 선배와 비교되어 보일 수 있습니다. 남자친구도 곧 취업하고 스타일이 바뀌면 멋진 직장인이 될 것이니 걱정하지 마세요. 하지만 아직 취업할 때까지 기간이 많이 남아 있는데 어른스럽지 못하고 마음에서 멀어진다면, 헤어짐도 고려해보시길 바랍니다.

다른 직장인 여성들은 잠자리 스킨십을 다 해본 건가요?

직장인이 되면 크게 세 번째 연애 가치관이 형성되어가는 시점입니다. 대학생일 때까지 연애 경험이 많지 않아 잠자리 스킨십까지 해보지 못했을 수 있습니다. 언론과 미디어에서 빠르면 10대 때도 해봤다고 하는데, 자체적으로 상담을 해보니 직장인 여성의 절반 정도가 제대로 된 잠자리 스킨십을 해보지 못한 것 같습니다.

다만 남자들이 직장인 여성이라면 당연히 잠자리를 경험해봤고, 어느 정도 알고 즐길 수 있는 단계라고 생각하는 분들이 많아, 사귀는 사이라면 스킨십에 대한 기대치가 있습니다. 아직 잠자리 스킨십까지 진도를 나가보지 못한 직장인 여성분들도 많으니, 나만 뒤처지는 거 아닌가 하는 걱정은 크게 하지 않으셔도 됩니다.

 직장인 연애 라이프 스타일은 학생 때와는 다름을 알아두자!

RULE 10: 20대 결혼

취집이나 결정사는 언제가 좋을까!

'취집'이라는 것을 좋은 시각으로만 볼 수는 없겠지만, 어떻게 보면 20대 여성분들이 가장 궁금해하는 정보일 수도 있겠습니다. 성공적인 20대를 마무리하기 위해서는 취업도 중요합니다. 또한 남자친구 유무도 생각하시겠지만, 어떤 남자친구냐가 관건이 됩니다. 아직 남자친구가 없다면 취업을 준비하면서 연애도 전략적으로 한 부분을 생각하고 있는 것이 현명합니다.

요즘은 취업준비에 면접도 중요하기에 외적 이미지 관리를 많이 해서 미모가 정점을 찍고 있으실 겁니다. 이때 자소서나 영어점수 막판 스퍼트를 올리려고 정신없다고 해서 연애를 등한시할 수 있는데, 오히려 여유를 갖고 소개팅도 함께 하시길 권장하여 드립니다. '졸업유예는 한 학기, 졸업식 후 반 년 이내'라면, 취준생이라고 상대 남성도 인정할 것입니다. 그 이후 기간이면 직장인 남성이 당신을 만나려 하지는 않을 것입니다. 주위의 취준생 중에 좋은 직장에 들어갈 수 있을 것 같은 남자를 눈여겨보는 것도 좋고, 친구와 지인들을 동원해서 좋은 직장에 들어간 괜찮은 남자가 있으면 소개팅을 시켜달라고 부탁해보시길 바랍니다. 소개팅을 하게 된다면 취업관련 정보를 이것저것 물어보고 도움이 될 게 많다면서, 자연스레 가까워지는 속도도 빠를 수 있습니다. 이왕이면 좋은 직장에 취업한 지 6개월 이내의 연애 경험이 적은 남성분이 가장 좋습니다.

요즘은 취업난이 심각하고 인터넷 문화에 익숙한 세대이다 보니, 연애는 잘 못 하지만 스펙 쌓기는 열심히 해서 좋은 직장에 취업한 남성들도 많습니다. 취업 직후의 남자들의 특징은, 경제력이 생기면서 이제 집안에서 떳떳한 아들 역할, 이성으로 남자로서의 역할을 할 수 있다는 생각을 갖게 됩니다. 또한 이때 여자친구를 사귀고 잠자리 스킨십까지 가게 되면 열애에 빠지면서 책임을 져야겠다는 생각을 강하게 가질 수 있습니다.

물론 이 시기에 있는 남자만을 계획까지 해가며 만나는 것은 어렵습니다. 다만 자체적으로 조사를 해본 결과, 이 시기에 연애를 하는 남성은 결혼까지 하게 되는 분들이 많습니다. 만에 하나 당신이 원하는 곳에 취업이 실패하더라도, 든든한 남자친구가 있어 한 번 더 준비하거나 다른 도전도 할 수 있을 것입니다. 좋은 직장에 들어가고 나면 모든 게 해결될 것 같지만, 좋은 대학에 입학한다고 살 빠지고 예뻐지지 않듯이, 좋은 남자친구를 만난다는 보장은 없습니다. 오히려 남자를 선택하는 눈높이만 올라갈 수도 있습니다. 취집이라고 좋지 않은 시각으로 볼 것만이 아니라 한 번쯤 생각해볼 수도 있습니다. 취업을 하고 나서 성공한 직장인도 좋습니다만, 같은 입장에 있는 갓 취업한 남성을 만나는 것도 그 시기에만 할 수 있는 특권일 것입니다.

대부분의 20대 여성분들은 결혼정보 회사(이하 결정사)까지는 '아직'이라고 생각하실 겁니다. 하지만 30~32세가 되어 '결정사'를 고려하고 가입한다면, 여성들이 원하는 조건이 거의 똑같기 때문에 경쟁은 아주 치열해집니다. 주위를 봐도 뾰족한 방법이 안 나올 것 같다면, 28~29세에 '결정사'를 가입해보시는 것도 좋습니다. 아직 20대라는 프리미엄이 붙어 경쟁할 수 있는 30대 초의 여성들보다 더 유리하며, 30대 초중반의 괜찮은 남자에게 선택받고 만날 확률이 더 높습니다.

 팁 이제 나이라는 숫자도 경쟁력이 된다!

9장

절대 하지 말아야 할 것

금기 사 항

만취 상황에서 끌려가듯
섹스하지는 마라!

20대 초반의 여성들이 가장 많이 하는 실수 중에 하나가 술 취해서 남자한테 끌려가다시피 해서 성관계를 갖는 것입니다. 이런 일이 빈번하게 일어납니다. 주말 밤늦은 시각 모텔들이 몰려있는 골목에 가보면, 술에 취한 남녀가 들어갈지 말지 실랑이 벌이는 것을 쉽게 목격할 수 있습니다. 남자의 힘에 못 이겨 도축장에 끌려가는 소처럼 질질 끌려가는 여성들도 많습니다. 술을 마시더라도 여성분께서 확실히 동의하고 원해서 하는 관계라면 상관없습니다. 하지만 여성분께서 입장이 애매해서 오케이 하는 경우가 많은 것 같습니다.

이때 남자가 싫지는 않은데 섹스는 부담되고, 지금 거절하면 남자가 내 곁을 떠날 것 같아, 왠지 부탁하는 듯해서 섹스를 해줘야만 할 것 같은 생각이 들기 마련입니다. 간만에 마음에 드는 남자를 만났고, 나한테 호감을 적극적으로 보이는 남자라면, 이대로 돌려보내기가 마냥 쉽지만은 않을 수도 있습니다. 물론 이 남자가 순수하고 평소에는 행동거지가 바르고 공부도 열심히 잘하며, 리더십도 있고, 키도 크고 잘생긴 것도 있겠습니다만, 그런 이유로 스스로 정당화하여 술김에 성관계를 맺는 것은 성에 대한 올바른 태도가 아니라고 보입니다.

술은 성욕을 6배 증가시키고, 성력은 6배 떨어뜨린다는 연구결과도 있습니다. 적당한 음주로 맥주 1~2캔 정도는 긴장을 덜어줄 수도 있겠습니다. 보통 남자가 여자보다 술에 더 강합니다. 그래서인지 남자들에게 여자가 취할 때까지 술 먹이고 나면 만사형통이라는 인식도 강하게 자리 잡고 있는 것 같습니다. 공식적으로 사귀지도 않는 사이인데 만취 상황에서 관계를 맺는 것은 어디까지나 여성분 마음이겠지만, 좋지 않은 점은 사랑받는 느낌에서 섹스를 하는 것이 아닌, 행위 자체의 목적과 동시에 서로 즐기는 것도 아닌, 남자만 좋은 경우가 많습니다.

또한 만취 상황에서는 피임에도 소홀할 수밖에 없습니다. 보통 급하게 진행되는 상황이기에 콘돔 및 피임도구를 남자나 여자가 준비하기 어렵습니다. 역시나 문제는 잠자리 관계 이후에 발생한다는 것입니다. 요즘 20대들 사이에서는 썸을 타다가 섹스를 한 후에 사귀는 경우도 간혹 있습니다만, 만취 상황에서는 남자가 술김에 일어난 일이라 발뺌과 동시에 서로 즐긴 거라고 주장하면, 당신과의 연인관계도 아니거니와 그에 따른 책임도 없습니다. 그래서 다음날 이후 남자가 아무 관계도 아닌 것처럼 행동하고, 연락이 뜸해지거나 두절되는 경우가 발생하면, 여자분은 마음에도 상처를 받게 될 수도 있습니다.

이렇게 남자와 아무 관계도 아니고 연락도 안 되는데, 시간이 흘러 원치 않은 임신까지 되어버린다면 상상하기도 싫으실 겁니다. 또한 관계를 가진 다음날 일어났을 때 영화와 드라마의 여주인공과 달리, 만취되어 통통 부은 얼굴과 헝클어지다 못해 부스스한 머리와 눈물 콧물로 인해 번진 마스카라, 붕 떠버린 화장과 함께 날아가버린 한쪽 눈썹 등, 당신의 가장 추한 모습을 일어난 순간 본 남성은 어제 밤의 뜨거웠던 그녀가 당신이었는지, 기겁하며 도망가는 게 당연할 수도 있습니다.

팁 만취 상황에서 섹스는 여자에게 백해무익!

RULE 02

남자들의 생각,
피임도구 없이는 하지 마라!

대학생일 경우, 남자도 섹스 경험이 많으면 얼마나 많겠습니까? 콘돔을 사용하지 않는 남자들의 주장은 콘돔이라는 고무를 끼고 하는 것은 재미가 없고, 과학적인 근거는 없는 얘기이지만, 콘돔을 끼고 하는 것과 안 끼고 하는 것의 느낌의 차이가 있어, 안 끼고 하는 것이 훨씬 좋다고 합니다. 물론 여자의 몸에서 나오는 액체로 인해 자연스러운 게 가장 좋을 수도 있습니다. 하지만 20대 초중반의 경험이 많지 않은 대학생이라면 섹스라는 행위 자체가 서로 긴장되기 마련입니다. 그래서 콘돔의 도움이 더 필요할 수 있습니다.

보통 라텍스라는 얇은 고무로 되어 있고, 요즘 성능 면에서는 완벽 이상이라고 봐도 무방하며, 기능도 다양합니다. 콘돔은 정자와 난자를 피하게 해주는 가장 간편하면서 확실한 피임도구임에 틀림없습니다. 20대의 남자 대학생이라면 경험이 많고 적건 간에 자신의 물건은 크고, 오랜 지속력이 있다고 거의 100% 믿으며, 체외 사정이 가능하다고 확신할 겁니다. 하지만 임신은 남자가 사정하지 않고 조금씩 나오는 쿠퍼액만으로도 가능하기에 삽입 전 반드시 콘돔을 이용하실 것을 권장하여 드립니다. 사실 콘돔에는 여러 화학제품이 발라져 있어 쾌감을 좋게 만들어 더 도움되는 부분이 많을 겁니다. 특히 남자들의 오랜 숙

원인 장시간을 가능하게 하는 사정지연 콘돔을 많이 선호하는 추세인데, 이걸 반대로 끼는 남자라면 마취 성분이 여자 쪽에 묻을 수도 있으니 주의가 필요합니다.

20대 초중반의 경험이 많지 않은 남자라면 집에서 미리 연습해보거나 제대로 끼어본 남자들도 많지 않을 겁니다. 성교육 차원에서라도 대학생 남녀라면 밝은 대낮에 콘돔을 사서 뜯어보고, 손가락을 이용해서 끼어보고, 이래저래 만져보며 익숙해지는 것이 반드시 필요해보입니다. 실제 콘돔 포장을 뜯으면 어디가 앞이고 뒤인지 모르거나, 공기가 들어가지 않게 조절 못 하는 남자들도 많습니다. 또한 사정 이후에 줄어드는 점을 고려해 음경 안쪽을 잡고 질에서 빼는 것도 잘해야 합니다.

더 큰 문제는 경험이 아무래도 적은 20대 남자에게 사실 섹스라고 하는 실전은 긴장된 상태에서 조명이 어두운 곳에서 진행될 겁니다. 그렇기에 여자의 중심부를 못 찾는 분도 많고, 애무를 하며 발기된 상황에서 삽입 전 콘돔이 어디 있는지 찾거나 포장 뜯고 끼우다가 남자의 물건이 죽어버리는 안타까운 상황도 자주 찾아옵니다. 그러다 보니 그 시간을 줄이기 위해 콘돔을 잘 안 쓰는 분들도 많을 겁니다. 죽어버리면 처음부터 다시 해야 하니까요.

가장 좋은 피임 방법은 생리주기를 잘 계산해서 그날은 피하시고, 그 외의 날짜에 관계를 가지되 남자가 콘돔을 사용하는 것이 바람직합니다. 간혹 자신의 쾌감은 유지하고 싶고 임신은 싫어서 사전 피임약을 대놓고 권하는 남자도 있는데, 당신을 사랑하지 않는 건 확실한 것 같습니다. 의사가 아니라서 명확하게 답을 드리기는 어려우나, 피임약은 여성의 생리주기를 의도적으로 바꾸는 것이기 때문에 여자의 몸에 그렇게 긍정적이지는 않다고 합니다. 사랑이라는 이름으로 임신하면 데리고 살 거라며 책임진다고 큰소리 뻥뻥 치면서 콘돔을 사용하지 않으려는 남자라면, 헤어지는 것도 고려하시길 바랍니다.

만에 하나 임신이라는 사실을 모두 원치 않는 상황이라면, 생각지도 못한 책임은 너무나도 어렵습니다. 여성분의 입장에서는 너무나도 감당하기 힘든 일일 수 있기에, 여자의 몸은 여자가 반드시 미리미리 챙기셔야 합니다.

 팁 <u>임신을 원치 않는다면, 콘돔을 사용하시길!</u>

RULE 03

데이트 폭력은
단 한 번도 용납해선 안 된다!

중고등학교 때 남녀공학을 다닌 여성분의 경우, 친구들끼리 남자사람친구와도 허물없이 지내고 서로 장난처럼 때리고 맞는 경우도 종종 있었을 겁니다. 사실 학창시절에도 그러면 안 되는 건데, 서로간의 대가성 없는 장난으로 받아들여질 수 있습니다. 하지만 성인이 되면 욕설도 언어폭력이 될 수 있는데 행위 자체는 그대로 폭력입니다. 대학생들의 경우, 중고등학교 때의 습관이 버릇처럼 나오는 경우도 있는데, 절대 그냥 두어서는 안 됩니다. 여자를 때리는 남자의 경우 실제로 남자들끼리의 싸움 실력은 형편없는 경우가 많고, 안 맞고 다니면 다행일 겁니다.

쉬운 예로 남동생이 있는 여성분들은 남동생이 실제 남자끼리의 싸움은 못 하는데, 당신과 싸울 경우 힘으로 당신을 제압하며 실실 웃으며 이겼다는 표정과 함께 승리의 희열을 느끼는 것을 한 번쯤 보신 적이 있을 겁니다. 오히려 강자 앞에서는 바로 꼬리 내리며 '깨갱' 할 겁니다. 여성분께는 남자가 때리는 시늉만 내더라도 위험합니다. 남동생도 당신한테 때리는 시늉만 내도 부모님한테 혼쭐이 나는데, 남모르는 남자한테 맞고 다닌다는 것은 있을 수 없는 일입니다. 시늉만 내더라도 상대는 피하려고 움찔하며 약한 모습을 보이게 되는데, 이때 사디스트는 우위에 올라선 듯 쾌감을 느끼게 됩니다. 이때는 반드시 불편하다고 말씀하셔야 합니다.

언급했음에도 불구하고 매번 말만 미안하다는 식으로 넘어가고, 고쳐질 기미가 전혀 보이지 않거나 3번 이상 지속된다면, 헤어지는 게 좋습니다. 선천적으로 그런 기질이나 성향일 수도 있습니다. 연인 사이에 여자가 잘못한 일이 있더라도 말로 풀거나 헤어지면 그만이고, 미안하다고 여성분께서 정중하게 사과하시면 됩니다. 굳이 그 일로 인해 술을 마시며 갑론을박하지는 않기를 바랍니다.

어떠한 사건을 두고 왈가왈부하면서 술 마시고 여자를 때릴 수도 있습니다. 다음날 술이 깨면 바로 미안하다며 사과합니다. 여성분 입장에서는 실수로 생각하고 "처음인데 뭐, 한 번 더 그러면 가만히 안 있을 거야"라며 넘어가시는 게 보통입니다. 하지만 데이트 폭력은 이렇게 시작됩니다. 다들 처음부터 때리고 맞으며 시작하지 않습니다. 추후에는 술만 마시면 때리고, 그 다음날 전혀 기억이 안 난다며 미안하다고 무릎까지 꿇어가며 싹싹 빌며 사과하거나 눈물을 보이기까지 하면, 진심으로 생각하며 받아주는 것이 문제입니다.

때리는 것에 쾌감을 느끼는 사람을 '사디스트'라고 하고, 반대로 맞는 것에 쾌감을 가지면 '마조히스트'라고 합니다. 우리가 흔히 변태라고 말하며, 앞글자만 따서 'SM'이라고도 말하기도 합니다. 한마디로 박수도 맞아야 소리가 납니다. 맞아주니까 때리는 겁니다. 단호하게 잘라내셔야 합니다. TV 프로그램에 한 정신과 의사분이 나와서 하는 말씀이, 데이트 폭력은 절대로 고쳐지는 게 아니라고 합니다. 특히 남자친구와 동거나 반 동거 형식으로 함께 지내는 남녀 사이에서는 빠져나오는 것조차 만만치 않고, 계속 맞을 수밖에 없는 상황일 수 있으니, 주위에 도움을 요청해서라도 끊어내셔야 합니다.

데이트 폭력의 상황에서 남자가 흥분한 상태이거나 술을 먹은 상황이라면, 맞받아치는 언행으로 남자를 더 자극하기보다는, 일단 그 상황은 조용히 넘기시길 바라며, 때리는 행위만을 갖고 불만을 표시하거나 헤어지자고 하기보다는 여러 가지 이유 및 부모님 핑계를 대서라도 빠져나오셔야 합니다. 데이트 폭력은 단 한 번이라도 절대 용납해서는 안 되며, 한 번 넘어가면 그다음은 계속되며 걷잡을 수 없게 됩니다.

팁 때리려는 시늉만 내더라도 용납해서는 안 된다!

RULE 04

썸만 타면서
마음 갖고 장난치는 남자!

　마음 갖고 장난친다는 말을 들어봤을 것입니다. 연애에도 갑을관계가 있습니다. 똑같이 50:50으로 좋아한다는 것은 있을 수 없으니까요! 더 많이 좋아하는 쪽이 을의 관계가 되는 것입니다. 갑이 요구하는 사항을 들어줘야 하기에 연애에서도 불리합니다. 보통의 썸 관계에서도 여성분이 고백을 받는 쪽이 대부분이라, 갑의 입장이 되는 것이 유리합니다.

　하지만 20대의 관계에서는 남자가 갑이 되는 경우도 종종 있습니다. 여성분이 자신을 좋아하는 것을 알고 있는 남자들이 있습니다. 오는 여자 막는 남자는 없습니다. '마음 갖고 장난친다는 것'은 서로의 감정을 확인하는 과정인 '썸 타기'와 달리, 썸남이 여성분께서 남자한테 관심이 있는 것을 알고 있다는 것입니다. 여자의 마음을 알았으면 고백을 하면서 사귀자고 나오는 것이 당연해 보이지만 갈팡질팡 망설인다는 것입니다. 망설이면 고백의 용기에 대한 문제라고 볼 수 있기에 순수해 보이고 진심이 느껴질 수도 있습니다. 단둘만의 만남이 두 번 이상이면 서로가 어느 정도는 호감이 가는 상황이라고 볼 수 있습니다.

　이렇게 썸 타는 과정에서 남성분이 만나달라고 요청할 수도 있는데, 여성분께서 다른 일로 바쁠 수도 있고, 조금 고민하느라 망설일 수도 있을 것입니다. 이런 과정 중에 썸 타는 남자가 여자친구가 생겼다는 소식을 전해오는 경우, 마음이 쿵할(심쿵) 겁니다. '이건 뭐지?', '나를 만나달라고 할 때는 언제고, 차더라도 내가 찼어야 했는데!' 완전히 농락당한 기분일 겁니다.

이 정도는 아무것도 아닐 수 있습니다. 더 큰 문제는 스킨십 등 할 건 다 하고 사귀자고 말을 안 하는 것이 문제입니다. 썸 타는 과정에서 남자가 여성분의 손을 갑자기 잡거나 단둘이서 영화를 보며 술을 한잔 할 수도 있습니다. 분위기를 타면서 키스까지 나누게 될 수도 있습니다. 여성분도 남자가 싫지는 않고, 서로가 호감이 통하는 듯한 분위기가 만들어지며 심쿵거릴 수 있습니다. 키스의 짜릿함까지 더해지면 이 남자를 단순히 호감이 아닌, 확실히 좋아한다는 생각이 들며, 남자는 만날 때마다 이 상황까지는 계속 진도를 나갈 수도 있습니다. 이후 잠자리 관계까지 가버리게 되더라도 서로가 연인이 아닌 썸 타는 관계라면 서로간의 책임이 없는 즐긴 사이일 뿐입니다.

이런 관계까지 가지 않게 중간에 브레이크를 걸고, 우리 사이에 대해서 확실하게 한 번 짚고 스킨십 진도로 넘어가시길 바랍니다. 남성분과 썸을 타는 사이라도 내가 더 좋아하는 것처럼 보이지 않게 티를 내지 않는 것이 중요해 보입니다. 다가오면 긍정적 답변은 주되, 너를 좋아해서 오케이 한 것은 아니라는 정도의 뉘앙스를 줄 수 있으면 좋습니다. 만약 썸남에게 내가 더 좋아하는 것을 들켰다면 스킨십 진도는 나가지 않는 것이 좋고, 고백 후 사귀게 되면 그의 진심을 보고 얼마든지 진도 나가도 늦지 않습니다.

팁 내가 너를 더 좋아한다는 사실을 알리지 말라!

RULE 05

섹스만 조르는 남자,
전부 응해주면 안 된다!

20대의 남자들의 경우, 사귀기 전이나 사귄 이후 첫 섹스를 조르는 남자들이 많습니다. 경험이 없거나 적어서 어떻게 스킨십 진도를 나갈지 몰라서 조르는 경우도 있습니다. 또 하나는 남자분인데도 귀엽고 애교 있는 분들이 있는데, 칭얼거리며 조르는 경우, 과거에 이렇게 해서 원하는 목적을 달성한 경험이 있을 수도 있습니다. 남성분의 매력이 커서 그 부분을 놓치고 싶지 않거나 여성분이 남자분에게 더 호감을 많이 갖고 있는 상황이라면, 잠자리 요구에 거절하지 못하고 응하게 되는 경우가 생기기도 합니다. 물론 야한 동영상을 함께 보거나 여자친구와의 간단한 스킨십에서 너무 달아올라 브레이크가 걸리지 않아, 한두 번쯤은 급하게 조를 수도 있습니다. 서로 합의하에 교제하는 상황에서도 남성분이 여성분에게 신뢰를 주지 못한 상황에서 계속 스킨십을 노골적으로 요구한다거나 잠자리하고 싶다며 어른아이처럼 조르기만 한다면, 한 번쯤 헤어짐도 생각해보실 수 있습니다.

사귀고 나서 스킨십 진도가 섹스까지 이어져 가는 과정도 중요합니다. 남자친구와의 첫 섹스를 남자가 조르고 원해서 관계를 가진 경우, 그다음에도 계속 조르게 되고, 그때마다 한 번 두 번 오케이 하시게 된다면, 말이 좋아 남자친구이지 사실은 사귄다는 이름하에 섹스만을 목적으로 생각할 수도 있습니다. 데이트의 끝과 시작이 잠자리 관계가 되고, 섹스를 위해 만남을 하게 되는 경우도 생길 수 있습니다. 주위에서 아무리 얘기를 해줘도 서로 사귈 때는 보이지 않습니다. 이미 몸과 마음에 정이 들어 감정까지 섞여버리게 되면 합리적으로 생각하고 판단하기 어렵습니다. 그냥 사랑이라는 이름으로 믿고 싶고, 누군가 괜찮다고 편을 들어 말해주었으면 하는 생각도 들 수 있습니다.

사귀는 사이에서 잠자리가 시작되면 계속 유지해나가야 하기에, 첫 습관을 잘 들이는 게 중요합니다. 첫 관계는 분위기 있는 곳에서 사랑받는다는 느낌을 확실히 가질 수 있어야 하고, 이후에도 여성분이 하고 싶을 때 해야 한다는 것입니다. 그렇게 한다면 남자친구가 여자친구분을 쉽게 생각하지 않고, 조금은 어려워하며 잠자리 관계가 보다 더 신중해질 것입니다. 밀당은 감정에만 적용되는 게 아니라, 잠자리 관계를 가지는 데도 필요합니다.

남자친구가 조르더라도 내가 원하지 않는다면 한 번쯤 정중히 거절하는 것도 좋습니다. 이후 반응을 한 번 살펴볼 필요도 있는데, 거절했다고 해서 삐치거나 관계가 소홀해지는 남자라면 당신을 정말 사랑하고 있다고는 말 못 할 것입니다. 또는 '아차, 내가 너무 내 생각만 했구나!' 하고 경계심을 갖고 여자친구의 소중함을 깨달을 수도 있습니다.

팁 조른다고 응하면 쉬운 여자가 되는 것일 수도!

RULE 06

술을 사랑해서,
술이 원수가 되는 남자!

어른들의 얘기 중에 '그놈의 술이 원수다'라는 말씀을 누구나 쉽게 한 번쯤 들어보셨을 겁니다. 말 그대로 모든 원흉이 술로 시작되기 때문에 그렇습니다. 성인이 되면 본격적으로 술을 마실 수 있는 시기입니다. 대학생의 낭만이라고도 할 수 있는 '부어라, 마셔라!'를 외쳐댑니다. 체력도 좋고, 간도 싱싱하며 남자 대학생들 세계에서는 술 잘 마시는 것도 하나의 능력입니다.

그런데 술이 원수가 되는 남자들이 있습니다. 술을 못 마시거나 이겨내지 못하는 것은 술이 약해서 그런 것이라서 크게 문제 될 것은 없을 수도 있습니다. 하지만 알코올만 들어가면 성격이 변하는 남성들도 많습니다. 주로 다혈질로 변하는 경우가 많은데, 이런 성향의 남자는 위험합니다. 주위사람들을 곤란에 빠뜨리거나 피곤하게 만듭니다. 다른 테이블과 시비가 붙는 경우도 생기고, 여자 앞에서 폼을 잡으려는 남자도 있어 괜히 오버하는 남성들도 많습니다. 스킨십의 시작도 술이요, 섹스의 시작도 술로 시작되는 경우가 많습니다.

데이트 폭력도 술이 시작이고, 싸우는 것도 마찬가지입니다. 술로 인해 일어난 문제의 책임을 술에 넘기는 경우도 많은데, 다음날 취해서 기억이 잘 나지 않는다며 미안하다는 말 한마디로 퉁 치려는 남자도 많습니다. 클럽에 가더라도 화려한 조명과 터질 듯한 음악소리, 그리고 술이 3박자가 맞아야 합니다. 요즘 혼밥혼술이 유행처럼 번져가고는 있지만, 그래도 술은 역시나 함께 마셔야 제 맛입니다. 술을 좋아하는 사람은 술자리도 좋아합니다. 커플들 사이에서는 아직도 '술자리에 여자가 있었냐, 남자가 있었냐?'를 두고 왈가왈부하는 남녀도 많습니다. 추후 직장인이 되면 '여자친구냐 술자리냐'를 두고 갈등 및 싸우는 일이 더 많이 생길 수 있습니다. 지금은 대학생 신분으로 여학생들도 술자리를 즐기고 좋아할 수 있겠지만, 직장인이 되면 음주와 흡연 여부도 마지막 짝을 찾으실 때는 중요한 요소가 될 것입니다.

또한 동성들끼리 마시는 술보다 이성이 한 명이라도 있어야 흥이 나고, 대학생이라면 술자리에 게임 또한 빠질 수 없을 것입니다. 학생일 때 토할 때까지 마셔도 보고, 클럽도 몇 번 가보며, 자신의 술버릇도 확인해보실 것을 권장하여 드립니다. 다만 남자친구를 사귀기 전에 두 사람 간의 술자리를 마련하여 남자의 술버릇도 알아보고, 역으로 남자의 진심이 무엇인지도 확인해보시길 바랍니다.

남자 대학생이나 연애에 서툰 직장인 남성들에게 술이야말로 이성과 섹스를 나눔에 있어 가장 좋은 아이템이랍니다. 무엇보다 서로 공식적으로 사귀지 않는 사이에서 술로 인해 스킨십이나 잠자리 관계 요구는 당신에게 호감은 물론 사랑과는 전혀 무관할 수 있으며, 술로 인한 흥분으로 그냥 이성과 하고 싶다는 생각일 수도 있습니다. 이왕이면 술을 잘 다스릴 줄 알고 적당히 즐기는 남자, 술자리보다 당신이 더 우선이 될 수 있는 남자가 괜찮은 남자일 거랍니다.

팁 남자에게 술은 최고의 공략 및 방어 아이템이다!

RULE 07

당신에게 잘 보이려
오버하고, 객기 부리는 남자!

객기 부리는 남자들의 공통된 특징 중 하나는, 여성만큼이나 많은 드라마나 영화, 만화를 통해 연애를 배우고 한 번쯤 그 주인공이 되고 싶어 한다는 것입니다. 단골소재로는 여자가 깡패들을 만나 위험에 처해 있는데 멋있게 남자 3명 정도를 가뿐하게 처리한다거나, 그 상황에서 오히려 많이 맞고 나서 여성분의 따스한 보살핌을 받는 장면으로 연결되기도 합니다. 여성분이 교통사고 나기 직전 몸을 날려 여자를 밀어내고 자신이 대신 다치는 상황이나, 여성을 오토바이 뒤에 태워 도로를 질주하고 싶다는 생각을 갖는 남자도 있습니다.

20대 초중반의 남자 대학생이라면 열정과 패기라는 단어를 많이 좋아합니다. 그런 모습을 여성들이 좋아한다고 믿는 남자들이 많은데, 틀린 얘기가 아니라 이런 남자는 리더십도 있어 보이고, 열심히 하는 모습도 보기 좋습니다. 하지만 말도 안 되는 열정과 패기를 남발하여 객기와 혼동하는 남성들이 많습니다. 남자가 말도 안 되는 이런 행동을 하는 것은 당신을 좋아한다는 이유로, 잘 보이고 싶다는 이유로, 당신을 지켜주고 싶다는 이유로, 당신의 남자친구라는 이유로 보상받으려 하고 용납받을 수 있다고 생각하는 것입니다.

당신을 위해준다는 명목으로 열정과 객기를 혼돈하는 남자들이 많습니다. 군중 사이에서 뛰는 행위로 주위에 피해를 주는 경우가 가끔 발생하는데, 당신이 보고 있는 상황이라면 더 오버하게 됩니다. 예를 들어 동아리에서 자기 목소리를 내거나 선배한테 대드는 언행을 하기도 하고, 물건을 사러 가거나 반품할 때 감정 노동자를 못 살게 한다거나 큰소리치기도 합니다.

또한 술 마시면 볼썽사나운 남자들도 많습니다. 다른 테이블에 있는 손님들과 시비가 붙는다거나, 소리를 질러가며 곤란한 상황을 만들기도 합니다. 물론 술값을 모두 계산해주는 긍정적인 상황도 있을 수 있겠습니다. 지키지도 못할 약속을 하거나 공수표를 날리는 남자도 많습니다. 이 모든 상황들이 당신의 시선을 끌고, 당신이 좋아해줄 거라고 철석같이 믿고 있다는 것이 가장 큰 문제랍니다. 남자의 청개구리 심보 때문에 당신이 그만하라고 말릴수록 더 오버하게 될 겁니다.

혹시 단체 모임이나 동호회 모임에서 여성분의 눈치를 살피며 오버나 객기를 부려 여러 사람이 불편한 상황이라면, 당신한테 호감을 갖고 있는지 직접 또는 주위사람을 통해 한 번쯤 점검해볼 필요가 있습니다. 남성분 입장에서 감정정리가 되지 않으면 이런 상황은 계속될 것입니다. 그렇기에 둘 중 한 사람이 모임에 나오지 못하는 상황이 되더라도, 많은 사람들의 입장이 있어 끊어줘야 할 상황이면 언급하시는 게 나을 겁니다. 두 사람이 사귀고 있는 관계라도 간과하시면 안 됩니다. 당신의 남자친구라는 이유로 객기 부리는 모든 행동이 정당화될 수 있기에, 다른 사람에게 피해를 준다면 그렇게 하지 말라고 타이르는 게 현명한 여자친구입니다. 안타깝게도 남녀 둘 다 객기 커플이 되어 쿵짝이 맞으면 그것도 인연일 수 있겠습니다.

이러한 객기는 추운 날 당신의 집 앞에서 몇 시간을 기다린다거나 스토킹 및 집착으로 변질되는 경우도 많습니다. 20대 초중반의 대학생들은 연애 경험이 적고 배워본 적이 없기에 이러한 것을 멋있다고 생각하거나 좋아하는 마음을 표현하는 것이라고 알고 있는 남성들이 많고, 이런 행동을 받아주는 여성분들도 많습니다. 하지만 객기 부리는 행동이 많은 남성은 집착으로 바뀌어 추후 많은 문제를 야기시키는 경우가 있습니다.

 팁 당신에게 잘 보이려 남에게 피해까지 주는 남자를 사귀고 싶을까!

예의범절과 교양 없는
커플이 되지 말자!

　남자친구가 생긴다고 해서 둘만의 세상인 것은 아니랍니다. 둘만 있으면 모르겠지만, 다른 사람들과 함께 있는 공중시설에서는 유의해야 할 것들이 있습니다. 어른들의 입장에서는 흔히 민폐 커플이라는 얘기도 많이 하곤 합니다. 남들 보는 앞에서 오히려 더 애정을 과시하고, 짜릿한 스릴감이 있는 애정행위를 반대하는 입장은 아닙니다. 어쩌다 한 번쯤은 용기를 내서 해보셔야 합니다. 하지만 너무 자주 하거나 다른 사람에게 피해가 가지 않는 선은 지키셔야 합니다.

　그보다 공중도덕을 지키지 않는 것은 물론이거니와 매너와 에티켓이 없는 사람은 배우셔야 합니다. 무심코 하는 언행들이 다른 사람들에게 피해를 주며 눈을 찌푸리게 만듭니다. 몇 가지 예를 들면, 지하철이나 버스에서 어르신분이 빈자리가 생겨 앉으려고 하거나 점찍고 걸어오는데, 그걸 몸으로 막아서며 여자친구를 앉히려고 하는 행동, 여름철 식당에 반바지와 조리를 신고 와서 식사할 때 한쪽 발을 의자에 올리고 밥을 먹으면, 더러워진 맨발과 반바지 틈 사이로 남자의 중심부가 보일락 말락 합니다. 다른 사람들이 바로 옆에서 밥을 먹고 있는데, 이런 행위는 금물입니다.

　담배꽁초를 아무 데나 버리거나 길거리에서 걸어다니며 담배를 피는 행동, 아무 데나 침 뱉는 행위 등을 보고 가만히 있으면 같은 사람입니다. 여성분 입장에서는 음식점에서 머리를 빗거나 넘기고, 옷을 털거나 화장을 고치는 행위는 사실 에티켓에 어긋납니다. 칼질하는 비싼 음식점에서만 적용되는 것이 아니라, 포장마차 떡볶이 한 접시를 먹는다면 먼지나 머리카락이 다른 사람이 먹는 곳에 들어갈 확률이 더 높기에, 평소에도 남을 배려하는 매너를 몸에 익히시는 게 좋습니다.

남자친구가 비신사적인 행동을 한다면 한 소리하실 때는 하셔야 합니다. 가정교육을 제대로 못 받은 것입니다. 여성들 입장에서 추후 배우자를 고를 때 가정교육과 화목한 가정에서 자란 남자를 선호하시는데, 이런 남자가 과연 그럴까요? 이런 행동을 동조하는 여성분이 더 문제입니다. 그렇지 않았는데 남자친구의 비위를 맞추려 함께 행동하는 여자분도 있습니다. 욕을 입에 달고 다니는 남자도 많고, 여자친구와 함께 상대방에게 무례한 말과 행동을 서슴지 않는 커플도 있으며, 술만 마시면 더 심해지고, 다른 일행과 함께 싸우는 경우도 생깁니다.

상아탑이라고 하는 대학에 들어간다고 해서 모두 지적 교양 상식이 생기는 것이 아닙니다. 독서가 취미이고, 뮤지컬이나 공연을 많이 보는 것이 교양 있는 여자로 만들어주지 않습니다. 교양이나 예의범절은 하루아침에 되는 것이 아니라, 오랜 시간 묵혀서 가치관이 되어 자신도 모르게 나오는 언행입니다. 특히 남들과 함께 있을 때는 공중도덕이라는 것을 지키는 것이 당연한 겁니다.

강남의 모 백화점 내 음식점에서 멋쟁이 아주머니 다섯 분 정도가 저희 일행 앞에서 메뉴를 고르며 우왕좌왕하는데, 한 분이 저희에게 오래 걸려 죄송하다며 정중하게 인사까지 하십니다. 그분의 기품과 교양 있는 모습에 반해 저도 모르게 편하게 고르시라고 말이 나와버렸습니다. 그날 이후 저자도 커피 전문점이나 음식점에서 메뉴 주문이나 계산 시 뒤에 기다리는 분들이 많거나 오래 걸리면, 바로 뒤의 분께 양해를 구하고자 노력하고 있습니다. 내 남자친구가 키 크고 잘생겨서가 아니라, 교양과 매너가 좋아 어디를 데리고 다녀도 부끄럽지 않기 위해, 여성분이 본보기가 되셔도 좋고, 멋진 넛지의 방법을 전달해주는 것도 괜찮은 방법입니다.

팁 교양과 기품은 하루아침에 완성되지 않는다!

남자친구 외의
인간관계를 막으려는 남자!

요즘 대학생들은 많이 바쁩니다. 대외 활동이나 동아리, 인턴, 취업에 관련된 모임이나 스터디 등으로 방과 후에도 많은 활동을 하게 됩니다. 목적은 분명하지만 끓어오르는 청춘들의 연애 감정은 누를 수 없나봅니다. 이런 활동을 하면서 사귀는 커플들이 많다 보니, 서로가 서로를 못 믿는 남녀 사이가 많아지는 것도 문제입니다.

같은 학교의 캠퍼스 커플인 경우, 한 학기 강의 시간표까지 비슷하게 짜고, 서로의 눈이 있기에 바람을 필 확률은 적어 보입니다. 하지만 서로가 다른 학교에 다니는 경우라면 상황이 달라집니다. 여학생 입장에서도 남자친구를 더 많이 좋아하게 되면 강의 시간표를 맞추려고 하는데, 현실적으로 학교, 학과, 학년이 달라 힘든 부분이 많으니 너무 애쓰지 않으셨으면 합니다. 대학생 커플이 되고 나서 각자의 인간관계 및 대외 활동이 있을 겁니다.

가장 많이 고민 상담을 나눈 사례를 보면, 여학생이 남녀공학 중고등학교를 나온 경우, 친하게 지낸 남자들도 있을 겁니다. 각자 대학생이 되고 성인도 되었으니 술자리도 가질 수 있습니다. 오랫동안 마음에 두고 있었다는 남자사람친구의 고백 또는 동아리나 대외 활동 등을 하면서, 잘 모르는 남자의 뜬금없는 호감의 표시를 받을 수도 있습니다. 물론 여자친구의 입장에서는 사귀는 사람이 있다고 분명히 얘기해서 별 문제가 없다는 입장을 취할 수 있습니다. 그냥 남자사람친구이고 아는 사람이기에 자신의 인간관계 및 대외 활동에 도움되는 모임에 불참할 이유가 전혀 없다고 생각할 수 있습니다.

하지만 남자친구 입장에서는 어지간히 신경 쓰이지 않을 수 없나봅니다. 그 모임에 나가지 말고, 카톡 차단할 것을 요구하고, 전화번호를 지우라고 합니다. 하지만 막는다고 그 남자들에게서 연락 오지 말라는 법 없고, 연락이 오가는 상황이 생기게 되며, 남자친구는 이 상황을 또 알게 되기에 정답 없는 답답한 상황만 반복되는 경우가 많이 발생합니다. 똑같이 자신도 여자사람친구를 많이 만들고, 모임도 나가며, 자기 좋다는 사람 1백 명을 만들어도 되겠냐며 맞불 놓겠다는 식으로 나오는 남자도 많습니다. 남자는 자신만 주의하면 여성들이 고백하며 다가오는 경우가 거의 없을 것이고, 여자친구가 있다고 얘기하면 그것으로 마무리됩니다. 하지만 여자는 자신이 아무리 주의하고 남자친구가 있다고 언급해도, 남성들의 시선을 받고 고백을 받을 수 있다는 것입니다.

가장 중요한 것은 여자분께서 남자친구에게 신뢰를 주는 것입니다. 그것이 먼저입니다. 그다음 이런 차이를 남자친구에게 이해시키고, 짧은 애교로 마무리하시면 됩니다. "그렇게 불안하면 내가 살을 잔뜩 찌워서 오빠 옆에서 안 떨어지고 꼭 붙어 다녀야겠다", "나 못생겼다고 뭐라고 하기만 해봐, 밀어내도 거머리처럼 붙어서 길거리 돌아다닐 거다"라는 식으로 못생겨지겠다고 선언하면 남자 입장에서 움찔할 겁니다. "오빠, 나 이렇게 인기 있는 여자니까 나한테 잘해, 내가 오빠를 먼저 떠나는 일은 없을 거니까 걱정하지 마!" 이런 멘트 한마디면 생각보다 쉽게 정리될 수 있습니다.

많은 여자 대학생들이 남자친구 입장을 맞추어주면서 행복감을 느끼는 것은 좋은데, 정작 헤어지고 나면 주위에 아무도 안 남아 있는 것이 문제입니다. 남자친구와 데이트하고 맞추어주다 보니, 주위 친구, 인간관계 다 끊어져서 다시 이어나가기 어려울 수 있습니다. 남자친구가 당신의 인간관계 및 대외 활동을 못 하게 한다면, 잘 상의해보시길 바랍니다. 무조건적으로 안 된다고 하거나 당신을 의심하고 감시한다면, 의처증보다 더 심각한 상황입니다.

 팁 가두려고 하면 신뢰→이해→애교 순으로 설득해보라!

당신을 위한다는 이유로
면죄부 받으려는 남자!

모든 면에서 여자친구를 최우선 상위개념으로 둔다는 것은 너무나도 행복한 일입니다. 하지만 여자친구인 당신이 중심이 되어 '모든 언행이 너를 위한 것'이라고 정당화시키는 남자가 있습니다. 대학생들 입장에서는 여자친구와 함께하는 시간을 이유로 리포트를 못 썼고, 너랑 놀러 다니느라 시험공부를 안 해서 망쳤다는 말도 안 되는 핑계를 대는 남학생도 많습니다.

또한 동아리나 학과 엠티 가는 날에 맡은 바 임무가 있음에도 불구하고, 어느 정도 선에서 당신과의 데이트를 위해 살짝 빠져나가는 남자도 있습니다. 당신이 즐거워한다면 남들에게 피해를 줘도 괜찮다는 식의 말과 행동을 합니다. 문제는 당신이 이런 계획에 동조하거나 잘했다고 '우쭈쭈' 해주는 버릇을 들이면, 나중에 더한 행동을 하더라도 죄책감이 없어지고 당신이 용서해주면 면죄부를 받는다고 생각하게 됩니다. 당신에게 잘 보이기 위해서 남들에게 피해를 주는 말과 행동을 하는지 한 번 생각해보시면 좋겠습니다. '나를 위한 건데, 뭐 어때?'라고 생각하신다면, 둘 다 똑같은 사람이 되는 것이고, 헤어짐이 그렇게 쉽지만은 않을 것입니다.

이런 남자들의 특징은 상도덕을 어겨가면서까지 여자친구를 위해 그런 언행을 했기 때문에, 당신에게 집착과 의심이 강해지고 다른 남자와 함께 있는 것을 보지 못하는 경우가 많습니다. 더 나아가면, 범죄도 당신을 위한 일이라면 정당화될 수 있다고 믿는 남자라고 볼 수 있습니다. 세상에 이상한 남자를 하나 만들어내는 것과 같은 효과라는 의견입니다. 어쩔 수 없는 한 번쯤의 일탈은 신선한 설렘이 될 수도 있습니다. 하지만 여자친구와 공연 관람을 하기 위해 수업을 빠지고, 당신과의 데이트를 위해 학회나 동아리 구성원들에게 피해를 주며, 당신에게 잘 보이기 위해 무리한 데이트 비용을 구해오는 일들이 2회 이상이라면, 브레이크를 한 번 걸어볼 필요가 있습니다. 학생 신분을 잊고, 다른 사람들에게 피해를 주거나 자신을 희생하면서까지 하는 데이트가 과연 행복할까요? 직장인이라고 하면 당신과의 데이트를 위해 회사를 땡땡이 치고, 무리한 대출을 하는 것이나 마찬가지랍니다. 이런 남자가 당신의 남편이 될 수도 있다는 얘기입니다.

역으로 남성분에게 의도하지 않게 희생하게 하는 것도 좋지 않습니다. 당신을 위해 집 밖에서 몇 시간씩 기다리게 한다거나, 밤늦은 시간 여자친구를 집에 데려다 주고 지하철과 버스가 끊기고 택시도 못 타서 집까지 걸어오는 남학생들도 많습니다. 이런 상황을 당신이 알았다면 다음날 바로 사과하셔야 합니다. 그런 상황은 여성분께서 만들지 않는 것이 좋습니다.

이런 상황을 은근히 즐기시는 여성분도 있는데, 두 번 이상이면 남성분도 알고, 주위의 조언을 통해서도 이건 아니라는 합리적인 상황을 인지하게 됩니다. 마지못해 당연한 것처럼 굳어질 수도 있는데, 언젠가 폭발하면 여성분께서 감당하기 힘들 수도 있습니다. 연애 경험이 많지 않은 남자 중에 이렇게 오버페이스 하는 게 진짜 사랑이라고 믿는 순진한 남자도 있습니다.

남자라면 누구나 한 번 해본다는, 한겨울에 몇 시간씩 여자친구 집

앞에서 기다리는 것을 무용담처럼 얘기하기도 합니다. 요즘은 이렇게까지 하는 남자친구가 있다면 헤어지기 꽤 어려울 수 있으니, 교제 기간 동안 당신을 위한다는 명목으로 정당화되거나 희생을 강요하는 상황은 만들지 않아야겠습니다.

💬 **팁** 집착은 사랑이라는 가면을 쓴 재앙일지도!

10장

20대 남자가 원하는 것

백전백승 전략!

20대 남자가 여자에게 바라는 5가지!

남자들이 예쁜 여자를 좋아하는 것은 불변의 진리이지만, 예쁘다는 것도 자신만의 기준이 다르답니다. 즉 보는 관점에 따라 다르다는 말씀을 드리는 것입니다. 쉬운 예로 여자 아이돌 그룹 멤버 A양을 놓고도 어떤 남자는 '예뻐 죽겠다'는 반응이지만, 또 다른 남자는 '헐' 하고 반응할 수 있습니다. 캠퍼스나 길거리를 지나다니다 보면 엄청 예쁘거나 몸매가 좋지 않더라도, 멋진 남자와 팔짱을 끼고 연애를 하는 여성분을 많이 볼 수 있습니다.

그 비결의 첫 번째는 자신만의 특출한 매력이나 장점입니다. 남들과 달리 눈에 띄는 무언가가 있어야 한다는 것입니다. 예를 들어 목소리가 좋거나 말을 착 감기게 하는 것도 매력이고, 옷을 센스 있게 입거나 남자를 위한 배려심과 양보를 잘하는 것도 충분히 어필할 수 있는 요소들입니다.

두 번째는 사정 거리 내의 공간에서 귀여움이 함께 동반되어야 합니다. 외모가 귀엽다는 것도 좋겠지만 행동이 귀여움으로 표시되는 것이 좋습니다. 대학생들은 함께할 수 있는 시간들이 많습니다. 캠퍼스 내, 동아리, 스터디, 학과수업 등 늘 사정거리에 있어서 친근함이 있어야 하는데, 이것이 이성으로 느껴지며 귀엽게 느껴져야 합니다. 예를 들어 동아리 내에서 모임 뒤풀이로 술자리가 만들어졌는데 술 마시고 꼬장 부리는 모습이 귀엽게 느껴질 수 있습니다. 이럴 때 남자는 사귀고 싶다는 생각이 들 수 있습니다.

세 번째는 '낮져밤이(낮에는 지고 밤에는 이기는 사람을 칭하는 말)'입니다. 한마디로 예상치 못한 반전이 있는 것을 말합니다. 낮에는 요조숙녀처럼 보이는데, 밤에는 요부로 변할 수 있을 것 같은 모습에 남자들은 약하답니다. 예를 들어 조금 먹기 힘든 음식을 아무 거리낌 없이 한 그릇 뚝딱 한다거나, 술을 못 먹게 생겼는데 엄청 잘 마신다거나, 조금 차갑고 강해 보이는 이미지라고 생각했는데 알고 보니 엄청 친절하고 따뜻한 사람이라는 것도 충분히 반전매력입니다.

네 번째는 우정도 함께 나눌 수 있어야 합니다. 요즘은 대학생들의 가장 큰 고민은 취업이기도 한데, 정보공유 및 대화 상대가 필요합니다. 즉 대화가 통해야 된다는 것입니다. 요즘은 남자도 수다를 좋아하는 분들이 많고, 자신의 얘기를 진심으로 들어줄 수 있는 여자친구, 치킨과 맥주를 한잔 함께할 수 있는 여성을 원하는 남자들도 많습니다.

마지막으로 넛지(팔꿈치로 살짝 찔러주는 행위) 스킨십을 가해보라는 것입니다. 남자는 시각과 촉각에 민감합니다. 스치는 듯한 느낌도 다 기억할 겁니다. 쉽게 말하면, 살짝 터치를 해주는 것이 꽤 효과가 크답니다. 예를 들면 높은 힐로 미끄러질 듯한 상황, 또는 둘이 영화를 보러 갔는데 어두워서 남자의 옷이나 팔을 꽉 잡을 수 있습니다. 때로는 대화를 하다가 너무 웃겨서 리액션을 하면서, 남자의 가슴팍이나 허벅지에 잠깐 손을 놓거나 잠깐 터치하고 떼는 넛지 스킨십만으로도 남자를 심쿵하게 만들 수 있습니다. 위의 5가지를 만족시킬수록 원하는 남자를 내 것으로 만들 확률이 높아집니다. 하나만 확실해도 남자친구를 사귀는 것에는 큰 어려움이 없을 것입니다.

💬 **팁** 하나씩 채워 나가면 당신의 연애는 쉬워진다!

강의실에서 앉는 자리로 시선 끌기!

전공수업, 교양수업, 영어학원 등의 강의실에서 써 먹는 연애전략이라고 할 수 있습니다. 첫 번째, 남자의 시각에서 좌우 45도 내 앞자리에 늘 앉으시길 바랍니다. 요즘은 강의실이 첨단화되면서 전자시스템으로 출석을 하는 경우가 많고, 호명을 하지 않기 위해 고정석을 만들어 놓기도 합니다. 이런 경우 이 방법을 쓸 수 없습니다. 그러나 교수님께서 출석을 부르는 전공수업의 경우, 학과의 학생분들 대부분이 거의 매번 같은 자리에 앉는 것이 정해져 있을 것입니다. 이때 남자의 시선에서 한 줄 앞 45도 좌우의 대각선 자리가 가장 좋습니다. 자리가 있는 경우 바로 앞자리에 앉아도 무관합니다. 그래야 수업 시작 전과 중간 휴식시간에 고개만 돌려도 간단히 대화를 나누거나 리포트 정보, 숙제 여부, 노트필기 같은 일상의 얘기를 나누며 조금씩 가까워지며 공략범위를 넓히는 게 가능해집니다. 교양수업의 경우, 남자의 성실성 및 학년을 가늠해 볼 수 있습니다. 늘 같은 시간 같은 자리에 혼자 미리 와서 앉아 있다면 재수강이나 편입, 복학생인 고학년일 확률이 높습니다. 마음이 가는 남학생이 혼자 앉아 있으면 좋겠지만 1, 2학년이라면 2명 이상 무리를 지어 교양수업을 듣는 경우가 많습니다. 차라리 남자끼리라면 괜찮은데 무리 중에 여학생이 있으면 신경 쓰입니다.

관찰 시 늘 같은 자리, 수업 시작 전 와 있는데 여학생과 단둘이 수업을 들으러 온다면 당신이 호감을 두고 있는 남자의 여자친구 유무에 대한 사전조사가 반드시 필요합니다. 여자친구가 맞는다면 빨리 마음을 접는 것이 현명할 수도 있습니다. 당신은 수업 시작 시간에 늦지 않을 정도로 들어오거나 제일 뒷자리에 미리 와서 기다리고 있어도 좋습니다. 마음에 들어 하는 남자가 착석하고 나면 앞으로 가서 그의 시선의 좌우 45도 내에 앉으시면 됩니다. 만약 남자가 매번 수업에 늦거나 들어왔다 나가거나 앉는 자리가 매번 불규칙적이라면 외적인 면에 호감이 가더라도 남자의 성실성에 대해서는 한 번쯤 생각해보셔야 할 것입니다. 반대로 당신도 친구 무리가 있을 수 있을 수 있습니다. 본격적인 작업에 들어가는 기간이라면 당분간 바쁜 척을 하며 그 수업시간에는 혼자 움직이셔야 합니다. 베스트프렌드 1~2명이 있어 같이 다녀야 한다면 전공수업은 어쩔 수 없지만 그 외 수업이라면 솔직히 호감이 가는 남자가 있다고 얘기해놓고 그 수업만큼은 자리도 떨어져 앉으시고, 작업기간이라면 혼자 다니시길 바랍니다. 친구는 당신이 고백을 해야 하는 순간 용기가 안 날 때 메신저 역할을 수행해주지 않는다면 심리적 안정감을 주는 것 외에는 크게 도움이 되지 않을 겁니다. 수업시작 전과 후, 중간 쉬는 시간이 특히 중요합니다. 친구나 무리들과 함께 수다를 떨고 있으면 남자가 들이댈 틈이 안 생깁니다. 혼자 있음으로써 남자가 들이댈 수 있는 시간의 틈을 넓혀 주어야 합니다. 앞자리에 있음으로써 남자의 시선은 자연스레 한 번 이상은 당신에게 가게 되는데 예쁜 모습을 보여주시면 됩니다. 짧은 치마로 인한 불편함으로 옷매무새를 고치거나 다리를 꼬고, 머리를 쓸어 넘기며, 열심히 필기하는 모습까지 남자 분은 자연스레 스캔할 겁니다. 남자의 뒤쪽에 앉으면 그를 보는 심장만 두근거릴 뿐 그는 당신을 1도 생각하지 않을 수 있기에 앞으로 앉으시라는 겁니다. 여자라서 고백 받는 편이 좋으니까요. 1~3줄 앞에 앉는 것이 여의치 않을 경우, 남성분보다 앞쪽으로만 좌우 45도 반경 안으로 앉으시면 됩니다. 타 강의라거나 모임이라면 3줄선 내의 범위를 유지하셔야 조를 만들어도 함께할 수 있고, 남자분의 시선에 늘 들어와 있게 됩니다. 남자는 매일 또는 매주 눈에 보이는 당신을 당연히 알고 있을 것입니다.

 팁 강의실 내 남자의 시선 45도 좌우, 앞으로 3줄 이내를 벗어나지 말 것!

RULE 03: 시각 청각

의상과 화장의 변화만으로 사로잡기!

이 챕터는 어디까지나 내가 마음에 들어하는 남성을 내 남자친구로 만들기 위해, 실행에 옮긴다면 가장 확률이 높고 빠른 방법으로 유혹하는 전략을 알려드리는 것이기에 거부감이 크게 없길 바랍니다. 굳이 이렇게까지 하고 싶지 않다면, 자신만의 방법을 만드는 것도 괜찮습니다.

남자는 시각에 굉장히 약하기 때문에 시선에 들어오는 여성분이 평소보다 옷차림이나 화장법이 바뀌면 바로 알아차립니다. 감이 없는 남자라면 보다 색채 감각을 과감하게 해보이는 것도 좋습니다. 처음에는 다양한 스타일의 시도로 남자의 시선을 끄는 것을 추천드립니다. 예를 들어 긴 생머리라면 헤어스타일에 변화를 주는 것도 좋습니다. 술 마신 다음날 수업시간에 늦으면 알아서 잘하시겠지만, 똥머리도 만들어 보고, 포니테일로 질끈 묶어보기도 하며, 머리띠나 곱창밴드, 머리핀도 이용해보시길 바랍니다. 남자가 뒤에서 봤을 때 당신의 귀에서 떨어지는 하얀 목선과 잔머리에 시선이 갈 수도 있습니다. 또한 안경을 썼다가 벗어도 보고, 렌즈 없는 뿔테 안경을 써보는 것도 좋습니다. 화장법의 경우, 아직 자신만의 화장법이 없거나 익숙하지 않을 수 있으니 진하게도 해보고, 투명 메이크업도 해보며, 색상에 대한 변화도 과감하게 도전해보며, 남자를 유혹한다는 도화살 화장법이나 속눈썹도 길게 붙여보시길 바랍니다.

좋아하는 사람이 생겼으니 예뻐지려 노력하는 것은 당연한 것입니다. 그를 갖지 못하더라도 이번 기회에 미모를 한 단계 업그레이드한다고 생각하시길 바랍니다. 가장 크게 변화를 줄 수 있는 것은 의상일 것입니다. 20대 초의 여자 대학생이라면 치마 길이는 크게 신경 쓰지 않고 다들 짧게 입기에 약간의 포인트를 더해주면 좋습니다. 자체적으로 조사해본 결과, 20대 남자와 대학생들이 테니스 치마도 좋아하지만, 걸을 때마다 팔랑팔랑거리는 짧은 시폰 치마를 더 좋아한다는 사실을 확인했습니다.

또한 다리를 매끈하게 해주고 햇빛에 비추어지면 반짝거리며 신비감마저 주는 스타킹과 하이힐 페티시를 갖고 있는 남성분들이 많았습니다. 펄럭이는 짧은 치마와 스타킹, 하이힐을 잘 활용하신다면, 확실히 시선 끌기에는 성공할 것입니다. 청바지에 힐도 좋고, 니삭스나 부츠도 활용해보시길 바랍니다. 이런 변화만으로도 주위의 여자사람친구부터 예뻐졌다고 한마디씩 해줄 것입니다. 호감남과 아는 사이라면 변화에 대해서 돌려 말하더라도 '예뻐졌다'라는 한마디를 해줄 수도 있을 것입니다. 남자의 스캔 능력은 여자가 상상하는 그 이상입니다. 운전하고 가면서도 100미터 앞뒤 좌우 전방의 여성까지 포착하며, 매력이 크다면 스치듯 찰나의 순간도 머릿속에 담고 기억합니다.

청각적으로도 남자는 약합니다. 하이힐을 앞발에만 걸치고 이리저리 흔들거나 가끔 떨어뜨려도 남자는 신경 쓰일 수밖에 없습니다. 또각또각 힐 소리에도 시선이 가며, 쉬는 시간에 화장실 및 남자 주위를 한 번 걸어갔다 오시는 것도 좋습니다. 짧은 치마에 다리를 꼬아 앉은 여성이 반대로 다리를 꼬는 그 짧은 순간도 남자는 놓치지 않고 스캔합니다. 졸업사진을 찍을 때 남자의 슈트 입은 모습을 보면 평소보다 멋있어 보입니다. 마찬가지로 여성분도 대학생들 사이에서 쉽게 볼 수 없는 오피스룩, 정장이나 면접 의상도 달라 보이기에 남자를 심쿵하게 만들 수 있습니다. 이렇게 강의실에서 의상과 화장의 변화만으로도 내가 괜찮은 여성이라는 것을 어필할 수 있습니다.

팁 변화를 주면서 내가 괜찮은 여성이라는 것을 어필해보자!

RULE 04: 정공요법

여자가 먼저 다가가서, 고백하라!

20대 여자 대학생이라면 마음에 드는 남성분이 있을 경우, 정공법을 선택하셔도 좋습니다. 정공요법은 말 그대로 직접적인 공략으로서 확실한 방법인데, 단점이라면 큰 용기가 필요하다는 것입니다. 우리는 무슨 공식처럼 남자가 여성에게 먼저 고백하는 게 관습처럼 굳어져 있습니다. 요즘은 조금 달라져서 10대 중고등학생들은 여학생이 먼저 고백해서 사귀게 되는 경우도 많다는 걸 잘 아실 겁니다. 남녀공학 중고등학교를 졸업했거나 이런 문화를 경험한 20대 대학생이라면, 실제로 많은 여성분들이 자신이 마음에 들어 하는 남자한테 먼저 들이대고 고백해서 사귀는 경우를 많이 보셨을 겁니다. 하지만 20대 여자 직장인이라면 평소에 아는 사이도 아니고 사회와 직장이라는 공간에서 남성을 만날 기회가 적고, 대부분 소개팅이라는 짧은 시간 내에 선택해야 하는 만남, 사회적인 시선과 체면 때문에서라도 먼저 남성분께 대시한다는 게 쉽지 않을 것입니다.

남자가 여성에게 고백이나 대시를 하면 여자분은 바로 답을 주지 않고 생각해보겠다고 합니다. 거절의 경우, 단칼에 내쳐버리는 상황이 대부분입니다. 물론 사귀고 있는 남자친구가 있다면 더 고민할 필요도 없으실 겁니다. 하지만 남자는 여기서 큰 차이가 있습니다. '오는 여자

막지 않고, 가는 여자 붙잡는다'는 우스갯소리처럼, 자신한테 고백하거나 대시하는 여자라면 자기가 우위의 입장을 점한다고 생각하기에 굳이 거절할 이유를 찾지 못합니다. 여자친구를 정말 사랑하고 있다거나 당신의 외모가 정말 아니지 않다면, 최소한 성적인 욕구의 만족을 위해서라도 우선 받아줄 것입니다.

자체적으로 조사해보니, 20대 남자가 여자한테 고백할 경우 상황은 다르지만 평균 50:50의 확률이었습니다. 받아주는 경우에도 시간과 노력을 통해 호감의 크기를 꾸준히 보여주어 그 신뢰감이 커졌을 경우에만 통하는 경우가 많았습니다. 하지만 남자는 여성분이 처음 만나 헌팅이나 갑작스런 고백을 하더라도, 정말 자신의 스타일이 아닌 이상 일단 대부분 받아준다고 보서도 좋으니, 확률이 매우 높다고 볼 수 있습니다. 그러니 20대 초중반의 여성분이라면 만에 하나 거절당할 시 같은 학과나 주위 지인이 알게 되는 상황만 아니라면, 조금만 용기를 내어보시는 것도 좋겠습니다. 여자친구가 있는 남자라도 흔들리는 게 남자의 마음입니다. 호감이 가는 남성이 있다면 적극적으로 먼저 다가가보시길 권장하여 드립니다.

 팁 <u>오는 여자를 막을 남자는 거의 없을걸!</u>

RULE 05: 구시대법

도서관에서는 아직도 쪽지가 통한다!

축제가 끝나면 바로 기말고사 기간에 돌입합니다. 조금씩 밀어닥치는 과제물과 리포트들이 쌓이기 시작합니다. 아무리 공부를 하지 않는 분들이라도, 중간고사를 만회하고자 기말고사가 슬슬 신경 쓰이기 시작하는 시점입니다. 한 번쯤은 누구나 도서관에 가게 되기도 하는데, 멋진 남자가 눈에 들어올 수도 있습니다. 이틀 연속 도서관을 찾게 될 경우 그 멋진 남학생이 있다면, 운명의 종소리가 귓가에 울려퍼질 수도 있습니다.

꼭 기말고사가 아니더라도 도서관을 찾았을 때 깔끔한 옷차림에 뿔테 안경을 끼고 열심히 공부하고 있는 남학생이 눈에 들어오는 경우가 있습니다. 이틀 연속 같은 자리에 있다면 그 남자의 고정석일 겁니다. 이런 경우 공략은 생각보다 간단합니다. 먼저 자리를 찾는 척하며 그 남자가 자리를 비우거나, 비우지 않고 그 자리에 앉아 있더라도 슬쩍 보면 전공서적에 큼지막하게 학과, 학번, 이름을 쉽게 찾으실 수 있으실 겁니다.

프로필 확인 후 지인들을 동원해서 여자 친구 유무와 평을 들어봅니다. 여자친구가 없고 주위의 반응까지 괜찮다면 본격적인 공략에 들어갑니다. 먼저 공격하기보다 남자의 시선 끌기를 통해 고백하게 만드는 것이 좋습니다. 도서관에서 자리를 맡을 때 같은 라인은 좋지 않습니다. 보통 3라인 이내에서 남자가 화장실을 가는 동선에 자리를 잡으시면 됩니다. 그래야 남자가 오며가며 최소 2번은 당신을 볼 수 있게 됩니다. 그 외 자리에 앉거나 구석이면 당신만 그 남자를 보게 되는 것이지, 남학생은 관심이 없을 수 있습니다. 도서관에서 이틀 이상만 공부를 해보면 웬만하면 그 시간에 누가 어떤 자리에 앉아 있는지 자연스레 다 알게 되기에, 남성분의 시선에 들어가려고 전전긍긍하시지 않아도 됩니다.

여유 있게 2주 정도 기한을 잡으시고, 간만에 안 하던 공부도 조금 하며, 리포트를 쓰셔도 됩니다. 여기서 포인트는 남학생이 도서관에 머무는 시간과 교집합이 있어야 한다는 것입니다. 이틀 정도 조금 앉아 있어보시면 남학생의 움직임이 눈에 들어오실 겁니다. 이때 중요한 것은 가급적 매일 다른 옷차림에 최대한 예쁘게 하고 있어야 하는 것은 당연한 얘기이고, 같은 자리, 같은 시간에 앉아 있으면 됩니다.

첫 주에는 주말에도 가보시길 바랍니다. 3일만 하셔도 남학생 입장에서는 외모도 괜찮은 친구가 패션 센스도 있고 공부도 열심히 한다고 생각할 겁니다. 3일째부터는 50분 공부하고 10분 쉰다는 생각으로 규칙성도 가져주셔야 합니다. 가끔 자리를 15분 이상 비워주시길 바랍니다. 구시대적이지만 도서관에서는 쪽지만큼 유용한 수단도 없습니다. 남성분이 들어올 기회를 주셔야 한다는 얘기입니다. 또한 구석구석 쪽지가 숨어 있을 수 있으니, 주위를 챙기기도 하셔야 합니다.

일주일이 지나 10일째가 되었는데 아무 반응이 없다면, 치고 들어가셔야 할 때입니다. 쪽지에 스마트폰 번호나 카톡 아이디를 남기시면 됩니다. 요즘 20대 초반의 대학생들 입장에서는 누가 먼저고 할 것 없습니다. 여자가 먼저 들이대면 남자는 '베리 땡큐'입니다. 속으로 좋아 날뛸지도 모릅니다. 답이 없거나 거절하는 남자라면 당신이 정말 마음에 들지 않는 것입니다. 이때는 도서관에서 당장 나오시길 바랍니다.

 팁 <u>도서관에서는 구시대적인 방법이 아직 통한다!</u>

RULE 06: 오케이 걸

연락 잘되며, 'OK' 하는 여자가 좋다!

    남자에게 대답을 빨리 해주면 쉬운 여자로 보일 수 있다는 낡은 생각을 갖고 계신 분들이 아직도 많습니다. 남자들은 단순해서 답을 빨리 주면 좋아하지 '쉬운 여자, 어려운 여자로 나누는 생각도 못 할 것입니다. 요즘 같은 스피드 시대에 답을 빨리 안 주면 남자의 마음은 다른 곳으로 가버릴 겁니다. '그런 남자라면 저도 싫습니다'라는 여성분이라면 할 수 없겠지만, 오래 기다린다고 해서 당신이 잘될 확률도 그리 높지 않을 것입니다.

    남자가 여자에게 관심을 보일 때는 주위에 여자가 거의 없고, 외로움에 사무쳐 한창 관심을 가질 때이기에 당신 한 사람이 아닌 다른 여자들도 만나보거나 어장관리를 하는 중일 겁니다. 사귀기 전이라면 남자는 당신이 저녁에 자기관리를 위한 운동이나 영어학원 가는 것도 바쁜 여자라고 생각하고, 그런 활동을 이해하고 싶어 하지도 않습니다. 그러면서 자기관리 안 하는 여자는 싫다고 하는 이중적인 생각을 가진 남성분들도 많습니다. 남자의 마음속에는 당신이 언제나 연락하면 바로 나올 수 있는 준비가 되어 있길 원하는 이기적인 생각을 갖고 있습니다. 또한 평소 당신이 연락이 잘 안 되는 사람이라면 다른 남자가 있을 거라고 생각합니다. 주말에 연락이 잘 안되면 거의 확신할 겁니다. 당신이 변명할 필요도 없겠지만 여자사람친구와 영화를 본다거나 지인이나 가족모임이 있을 거라고는 전혀 생각하지 못합니다.

당신이 그 남성에게 관심이 있어 서로 썸을 타고 있다면, 남자의 이해를 돕기 위해 자신의 일주일 스케줄을 어느 정도 흘려놓는 것도 좋습니다. 또한 주말에 뭐하냐는 질문에는 우선 답은 하시고 보셔야 합니다. 연락을 정말 늦게 봤다면 그에 대한 합리적인 이유와 함께 늦더라도 답을 주시는 게 좋습니다. 아니면 남성은 답답해 미쳐버리고, 상상의 나래를 펼치고 있을 겁니다. 카톡을 하고 있다가 언제 끊어야 할지 애매한 경우라면 '저, 이제 바쁨', '나 바쁨'이라고 남겨주시면 됩니다. 괜히 답하지 않거나 '1'을 남겨놓아 불필요한 오해를 사지 않는 것이 좋습니다.

예를 들어 "언제 시간 괜찮으세요?"라고 묻는다면 "저 오늘 시간 괜찮아요"가 남자가 가장 듣고 싶은 대답일 겁니다. 언제 시간이 괜찮다고 바로 답을 주셔도 좋습니다. 남자가 당신한테 호감이 있다는 것을 알았다면 먼저 치고 나가셔도 됩니다. "다음 주는 시간이 안 되고 이번 주말은 괜찮은데…" 보이지 않는 다른 여성들에 비해 경쟁에서 우위에 있을 수 있고, 남자도 더 적극적일 겁니다. 남자는 여자도 자신한테 호감이 많은 것으로 생각하고, 밝고 쿨한 성격도 갖고 있어 내가 원하면 다 해줄 것 같으며, 스킨십 진도도 빨리 진행될 거라고 기대할 것입니다. 어디까지나 남자의 착각이며, 여자의 입장에서는 이런 심리를 이용해 몇 번의 만남을 더 하면서 천천히 사귈지 말지 결정하면 됩니다.

연락이 잘되고 대답이 빠르다고 해서 당장 사귀는 것도 아니고, 당신의 몸과 마음을 '오케이' 한 것은 더더욱 아니랍니다. 우선 남자를 자기 손안에 넣고 보시라는 겁니다. 남자는 기다림에 약하고 답답한 상황, 심심함을 못 참는 경우가 많습니다. 그래서 오히려 시간과 비용이 더 절약되고 감정소비할 필요 없는 밤 문화를 즐기는 분들도 많습니다. 여성분이 '아직은…', '조금만 더 생각해보고…', '다음 일정을 확인해서…'라고 망설이면 자신한테 관심이 없는 것으로 생각해버리고, 후보군에서 제외시킴과 동시에 더 이상 들어오지 않거나 그것으로 연락이 끊길 겁니다. 요즘은 한 번 튕기면 그것으로 그 남자와 끝이라고 생각하시면 됩니다.

 팁 일단 'OK' 하고, 충분히 생각해도 늦지 않다!

RULE 07: 몸매 체형

글래머보다 '슬렌더'를 더 선호한다!

　여성들도 TV나 영화를 보면 멋진 남자 주인공에 가슴 설레며 그런 사랑을 꿈꾸기도 합니다. 마찬가지로 아직 20대 초중반의 남자 대학생이라면 여자 아이돌에서 벗어나지 못한 분들이 많습니다. 하물며 3040대의 삼촌 팬과 아재들도 여자 아이돌을 좋아하듯이, 호감 가는 남자에게 더 빨리 잘 어필하려면 여성으로서의 외적인 이미지가 독특하고 개성 넘치는 것보다는, 어느 정도의 대중성을 띠고 있어야 하는 것 같습니다.

　물론 20대의 대학생이라면 외적 이미지가 출중하지 않고 조금 통통하더라도 자신만의 특출한 매력과 친근함이 있다면, 그것을 보여줄 수 있는 시간과 기회가 많기에 연애를 하는 데 크게 어렵지 않을 수 있습니다. 하지만 직장인이 되면 보통 남자를 만날 수 있는 방법이 소개팅이고, 여성분의 숨겨진 내적 매력을 보여줄 수 있는 시간이 부족합니다. 남자가 여성의 외적 이미지를 볼 때 전체적인 첫 느낌을 중요시한다고 합니다. 조금 불편한 얘기일 수 있지만 오랜 시간 수많은 상담과 커플매칭 경험 통해 알게 된 남성들이 선호하는 이미지 체형에 대한 부분을 말씀드리고자 합니다. 소개팅이나 이성을 만나는 자리에서 남자가 선호하는 체형으로만 말씀드리자면, 딱 두 가지 스타일로 나누어봅니다. 슬렌더한 스타일과 글래머러스한 스타일입니다. 실제 많은 여성분들께서 체형에 따른 의상으로 많은 효과를 보신 방법이오니 참조하시길 바랍니다.

많은 여성분들이 키가 크고 훈훈한 이미지에 잔근육이 있는 체형을 선호하는 것과 마찬가지로 여성분께서 다리에 더 자신 있다면 슬렌더한 스타일로 연출하시는 것이 좋습니다. 각선미와 쇄골 뼈가 한 세트로 보이는 것이 좋습니다. 쇄골 뼈를 보여주기 좋은 상의의 경우, 오프숄더 또는 한쪽 어깨만 오픈되거나 늘어지는 니트도 좋고, 블라우스를 통해 가슴골이 아닌 쇄골까지만 보여줄 수도 있습니다. 가슴에 더 자신 있는 분이라면 글래머러스한 스타일로서 가슴에서 허리, 힙까지 떨어지는 라인을 강조해서 의상을 입으셔야 효과가 있는데, 필요하다면 보정속옷이 도움을 줄 수도 있습니다.

잠자리 경험이 있는 직장인 남성이라면 여성의 가슴에 대한 중요성을 알고 있기에 슬렌더 또는 글래머러스 스타일로 선호도가 나누어지기도 합니다. 오랜 시간 자체적으로 조사해본 결과, 아직 연애 경험과 잠자리 경험이 없거나 적은 20대 초중반의 남자들은 시각적으로 바로 보이는 슬렌더 몸매를 더 많이 선호하는 것으로 밝혀졌습니다. 어디까지나 남자들이 선호하는 이상형의 이미지는 마른 몸매에 가슴이 큰 여자입니다. 동양인이 이런 몸매를 갖는 것이 쉽지 않은 것은 다들 잘 아실 것입니다. 물론 남자들도 알고 있지만 영상으로 접하거나 연예인을 보면서 이런 여성과 사귀고 싶다는 생각을 한 번쯤은 꿈꾸기도 합니다.

조금 더 날씬해질수록 옷의 태가 달라지는 것을 여성분들이라면 잘 아실 겁니다. 가슴은 나중 문제인 것 같습니다. 살이 빠지면 가슴도 함께 빠져 고민한다는 분들도 있는데, 기구 및 운동을 통해서 추후에 어느 정도 만들어질 수 있거나 의학의 힘으로 하루아침에 해결될 수도 있는 부분이기도 합니다. 아직 20대 초중반의 대학생이라면 시간이 있을 때 다이어트를 통해 조금 더 슬림해진다면, 보다 원하는 남자를 만나는 것에 유리한 고지에 있을 수 있습니다.

> 💬 **팁** 조금 더 슬림해지면 옷의 태가 달라진다!

RULE 08: 밀고 당김

남자의 마음을 롤러코스터에 태워라!

먼저 밀고 당기기를 잘 못 하는 분들의 특징을 살펴보면, 혼자만의 착각을 하는 분들이 많습니다. 자신이 남성분에게 호감을 갖고 있다 보니 남자분의 작은 말과 행동 하나하나, 하물며 카톡의 내용과 이모티콘 하나만 보고도 자신을 향하는 호감의 시그널이라고 믿고 싶은 것입니다. 남성분이 이미 간파하고 여성분이 자신한테 호감이 있다는 것을 알게 될 경우, 자신도 좋아하고 있었다면 감사히 생각하고 고백해서 사귀면 간단해집니다. 하지만 여성분에게 크게 마음이 없다면 남성분이 역으로 밀당을 할 수 있습니다. 이미 주도권이 넘어가 버리면 갑의 입장인 남자의 요구를 들어줘야 관계가 유지될 수 있을 것입니다.

당신을 정말 많이 좋아하고 있는 남자라면 반 발 정도 조금씩 당기기만 할 뿐, 완전히 관계가 끊기거나 멀어질 수도 있는 불안한 밀어내기는 하지 않을 것입니다. 밀당은 썸 타는 것과 달리 남성분이 자신에게 호감을 갖고 있다는 확신이 있을 때, 남자가 여자분을 더 좋아하는 상태에서 하셔야 합니다. 만약 남자분이 당신에게 호감이 없는데 밀고 당긴다면 혼자 쇼를 하게 됩니다. 밀당은 말 그대로 '밀고 당기기로서 남자의 마음을 들었다 놓았다' 하는 것입니다. 그렇게 감정의 롤러코스터를 잘 태우실 수 있으면 좋습니다.

예를 들면 정중한 데이트 취소 방법이 있습니다. 만남 하루 전날 오후 정도에 갑자기 합리적으로 납득이 갈 만한 일로 그날 일이 생겼다고 약속을 취소하시길 바랍니다. 남성분의 기대감은 롤러코스터 제일 위에서 떨어지는 기분일 겁니다. 약속 취소 후 유의하실 점은 원래 만나기로 한 날은 남자의 어떤 연락도 받지 않으시길 바라며, 만약 그날 다른 곳에 놀러 간다면 남자의 다른 친구나 지인의 눈에 띄어 남자에게 들통 나지 않도록 주의하셔야 합니다.

연락을 한다면 그날 밤늦게나 다음날 일찍 연락하셔서 달래주면서 다음 약속을 잡으시면 됩니다. 미안한 기색을 내며 커피나 달콤한 케이크 한 조각을 사 주며 롤러코스터가 다시 올라갈 수 있게 해주셔야 합니다. 또한 사귀는 사이에서 스킨십 진도 나갈 때도 밀당은 필요합니다. 포인트는 항상 '줄듯 말듯'을 기억해두시면 좋습니다. 예를 들어 남성분이 진도를 나가려 할 때 손을 잡으려 한다면 '줄듯 말듯', 뽀뽀하려도 해도 입술을 '줄듯 말듯' 하면서 애간장을 태우시면 좋습니다. 물론 허락하고 안 하고는 여성분께서 결정하시면 됩니다.

당신을 많이 좋아하고 있는 멋진 남자라면 여성분이 자신을 밀고 당기는 것을 알면서도 모르는 척 속아줄 겁니다. 그런 모습이 귀엽고 사랑스러워 보일 것입니다. 이렇게 기꺼이 기분 좋게 당해주는 젠틀한 남자를 만나보실 수 있길 바랍니다.

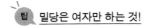 밀당은 여자만 하는 것!

RULE 09: 썸의 정의

썸 타는 관계는 남자친구가 아니다!

　썸(some)이란? '썸싱(something)의 줄인 표현으로 남녀 간에 무슨 일이 생길 수도 있겠다'라는 뜻이랍니다. 썸이라는 말이 쓰이기 전까지만 하더라도 "두 사람 썸싱 있는 거 아니야?, 썸싱 생기겠다'라는 표현을 쓰기도 했습니다. 요즘 20대 남녀들 사이에서는 '썸 탄다'고 해서 사귀기 전의 모든 과정을 '썸'이라고 말하는 것 같습니다.

　또 다른 표현은 썸(some)의 뜻 그대로 '몇몇의' 사람으로 어장관리를 뜻할 수도 있습니다. 썸 타고 있는 남자에게 당신은 어장관리하고 있는 여러 명 중에 한 사람이라고도 볼 수 있습니다. 당신과 단둘이서 밥 먹고 차 마시며, 영화 보고 술도 함께 마실 수 있습니다. 또한 다른 여성과도 그럴 수 있습니다. 하지만 당신이 그 사실을 모르면 다행이고, 알더라도 간섭하거나 그러지 말라고 화를 낼 수도 없습니다. 당신은 그 남자의 여자친구가 아닌 썸일 뿐이니까요! 당신이라는 한 사람만을 바라보고 썸 타는 남자라면 좋겠지만 거절이라는 두려움과 확실성이 없기에 아직 사귀는 여자친구가 없는 남자 입장에서는 보험처럼 여러 명과 썸 타기를 진행 중일 수 있고, 누가 뭐라고 할 수도 없습니다.

　반대로 여성분 입장에서도 여러 명과 썸을 타고 있을 수 있습니다.

썸을 많이 탈 수 있는 것도 능력자인 것은 맞지만 주의하실 점이 있습니다. 대학생과 직장인이 조금 다른 점이라면, 직장인은 사귀는 사이가 아닌 썸 타는 남성과는 어떤 스킨십도 허락하지 않는 경우가 많습니다. 특히 30대 직장인이라면 남자친구가 아닌 신뢰가 없는 상황에서는 잠자리 관계는 상상도 못 할 일일 수도 있습니다. 하지만 20대의 많은 여성분들은 썸 타는 사이에서 스킨십을 허락하고, 섹스까지 이어지는 경우도 많습니다.

잠자리 관계 이후, 남성분이 오늘부터 1일이라고 사귀자고 하면 다행인데, 그렇지 않고 연락이 두절된다거나 조금씩 멀어지는 관계가 될 수도 있으며, 앞으로도 잠자리까지의 썸 타는 관계까지만 될 수도 있습니다. 직접 나쁜 남자를 만들고 있으며, 남자의 기만 살려주는 꼴이랍니다. 썸 타는 사이라면 여성분께서도 남자와 사귈지 말지 마음의 결정을 하시길 바랍니다. 이게 바로 감정소비가 되는 것인데, 썸 타는 것을 재미거리로 즐길 수도 있지만, 정말 호감이 있다면 남자를 한 번 강하게 당겨보실 필요가 있습니다. 그래야 결판이 날 겁니다.

요즘 20대 초중반의 남자들은 과거와 달리 모태솔로도 많고, 거절에 대한 두려움도 많이 갖고 있기에, 자신이 정말 좋아하는 여성 한 사람을 애타게 기다리기보다는 '썸 타는 관계 중에 하나만 걸려라' 하는 심리로, 조금이라도 틈을 주고 거절당할 확률이 가장 낮은 여성에게 최종적으로 들이대는 경우가 꽤 많습니다. 20대 초의 여성분이라면 처음 먹어본 음식이 생소해서 자주 찾지는 않겠지만 '그런대로 괜찮네'라고 느끼는 것과 마찬가지로, 썸 탈 때 남자와 단둘이서 이것저것 체험이나 데이트하는 그 자체로도 좋은 느낌이라서, 그 남자를 정말 좋아하는 것인지 자신의 감정을 잘 모르는 분들도 많습니다. 분명 좋은 감정인데, 그냥 표현하기 어려운 설레는 듯한 새로운 느낌을 갖고, 그 남자를 좋아하고 있다고 착각할 수도 있습니다. 그래서 썸의 관계에 있다면 자신의 감정을 잘 정리해서 어설픈 썸 관계가 아닌, 교제하는 남자친구로 갈지를 결정해야 하겠습니다.

 팁 **썸은 진짜 그를 좋아하는 감정이 아닐 수도 있다!**

RULE 10: 매력 어필

남자가 예쁘다고 해야 예쁜 것이다!

남자가 보는 예쁨과 여자가 보는 예쁨의 차이가 있다는 얘기를 들어 보셨을 겁니다. 여자들이 봤을 때는 외모가 괜찮은 친구인데 남자들은 그렇지 않다고 하는 경우입니다. 오늘도 거울을 보면서 스스로 "아이 예뻐!" 하고 있으실 수도 있습니다. 자존감을 높이는 데는 효과가 있지만, 남성들에게 어필할 수 있는지 자신의 매력을 분석해보고 냉정할 필요도 있어 보입니다. 만약 자신이 남성들한테 어떻게 보이는지 정말 잘 알고 싶다면, 단체 미팅에 나가서 자신한테 호감이 가는 사람이 몇 명인지 확인해볼 수도 있습니다. 또는 요즘에 단체 미팅을 진행하는 업체도 많은데, 3번 정도 참석해서서 평균 몇 표 정도 받고, 1지망으로 자신을 선택한 사람이 몇 명인지 확인해보시는 것도 좋습니다.

단체 미팅은 다른 여성들과 보이는 경쟁이기에 남자들의 반응을 바로 알 수 있으나, 그날 여성 참가자들에 따라 조금 달라질 수도 있으니, 3번 정도 참석해보시라는 것입니다. 만약 한 번이라도 올킬이 나온다면 당신은 퍼펙트한 것이고, 남자 참가자의 절반 이상 표가 나온다면 걱정하실 필요가 없습니다. 당신은 짧은 시간에 자신의 매력을 남성분한테 어필할 수 있다는 것입니다. 하지만 평균 2~3표이고 2, 3지망이 많다면 자신의 매력을 잘 모르고 있는 분들일 수 있어 점검이 필요하며, 0~1표라면 꽤나 충격을 받으실 수 있지만, 이것을 계기로 해서 완전히 바뀌셔야 합니다.

어느 날 단체 미팅 모임에 여자친구끼리 세 명이 함께 참석하였습니다. 여자 A가 마른 체형에 애교가 많아 남자들한테 가장 인기 있을 거라고 친구들 모두가 예상했으나, 의외로 여자 A분은 0표를 받았습니다. 친구들끼리 가장 염려했던 단아하면서 청초한 여자 B가 가장 많은 표를 받았고, 깔끔한 이미지에 경청하고 리액션을 잘하는 여자 C가 그다음으로 표를 많이 받았습니다. 추후 남성들의 반응을 물어보니 여자 A의 애교는 일부러 예쁘게 말하려는 듯하는 말투라 살짝 거부감이 들었고, 옷과 스타일도 잘 어울리지 않았다고 합니다. 여자 B와 C는 여자 A가 걱정되어 함께 찾았던 연애 전문가들과의 상담과 컨설팅을 통해, 자신만의 매력을 알고 어필하는 방법을 알아 멋진 남자들과 연애 중입니다. 이후 닫힌 마음의 여자 A는 아직도 솔로인 채 전문직 의사만을 소개받으려고 결혼정보 업체만 2군데 진행 중이라고 합니다.

다른 여성들과 경쟁하는 단체 미팅은 상대평가이기에 결과가 좋지 못하면 누구나 기분 나쁘고, 자신감이 떨어지고 자존감이 낮아질 수 있습니다. 남자들이 보는 눈이 없는 것이고, 나를 있는 그대로 바라봐주며 나만을 좋아해주는 단 한 명만 있으면 된다고 생각해버릴 수 있습니다. 하지만 많은 남성들이 좋아하는 대중성이 없는 것은 사실이며, 그 한 명을 찾기까지는 더 많은 노력과 시간이 필요할 겁니다. 미리 예방주사 한 대 맞는다는 셈치고, 어떤 냉정한 얘기도 괜찮다면서 남자들이 자신한테 느끼는 여성으로서의 매력에 대해 한 번은 꼭 들어보시길 권장하여 드립니다.

남자들에게 비추어지는 자신의 장점이나 매력을 잘 모르겠다면, 사귀는 사이가 절대 될 수 없는 남자사람친구나 선배 3명 이상, 또는 전문가를 찾아 진지하게 물어보고, 공통적인 부분이 나오면 반드시 활용하고, 단점은 보완하시면 큰 도움이 될 겁니다. 뚱뚱하다고 하면 다이어트하면 되고, 의상과 화장도 바꾸며, 남자들이 싫어하는 분위기나 뉘앙스를 갖고 있다면 노력해서 고치면 됩니다. 의학의 힘이 필요할지도 한 번 들어보시는 것도 괜찮습니다.

자신의 장단점을 알고 잘 활용만 할 수 있다면 어떤 남자가 앞에 앉아 있더라도 여성분께서 우위의 입장에서 공략하기가 쉽습니다. 20대에 고칠 수 있다면 다행이지만, 30대가 되면 30년 이상 굳어져버린 연애 라이프 스타일을 바꾸기는 정말 어렵습니다.

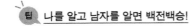 **나를 알고 남자를 알면 백전백승!**

'20대 여자의 연애는
스킨십에서 결정된다'

언론과 미디어에서는 무슨 10대에 스킨십 경험이 있으면 대단한 것처럼 떠들어대고, 성인이라면 20대에 잠자리 스킨십이 모두 있을 거라고 말합니다. 하지만 저자가 오랜 시간 여성분들과 상담을 해본 결과, 잠자리 스킨십의 경험 유무는 거의 반반이었습니다. 40대 중에서도 잠자리 스킨십 경험이 없는 여성분들도 많았습니다. 그러니 20대라면 아직 경험이 없다고 해서 나만 뒤처지는 거 아닌가 하는 고민은 하지 않으셔도 될 거 같습니다.

잠자리 스킨십을 아직 경험하지 못한 분, 결혼 전까지 하지 않을 거라고 생각하고 있는 분, 생각지도 못하고 있는 분, 진행 중이신 분, 경험은 있으나 좋은 기억이 없는 분, 즐거운 기억으로 남아 있는 분에 따라 공감하는 정도가 틀릴 것입니다. 오히려 이 책은 30대 여성분들이 더 공감할지도 모르겠네요. 오랜 시간 동안 커플 매니저와 연애상담사로 활동하면서 알게 된 건, 여성분들 고민거리의 대부분이 스킨십 문제라는 점이었습니다.

사귀기 전에는 너무 들이대거나 진정성이 없어 보이고, 사귀고 나서도 잠자리 스킨십만 생각하거나 조르기까지 하는 남자친구, 이후에는 스킨십을 위한 데이트가 되기도 하며, 헤어져도 육정이 들어 잊어지지 않거나 술 마시고 밤에 전화 오는 전 남자친구의 목소리에 흔들리기도 합니다. 이런 고민거리를 아무리 친한 친구라도 터놓기 힘들고 가족한테는 더더욱 말할 수 없었으며, 남자친구가 알아서 해주고 이해해주었으면 했는데, 그마저도 쉽지 않았습니다.

여성분들의 연애 가치관을 확인하고 연애 경험을 상담하게 되면서 알게 된 점은, 똑같이 성인이 되지만 성적 자기 결정권을 어떻게 행사하고, 20대에 첫 잠자리 스킨십이 어떠했는지에 따라 180도 다른 연애사가 만들어진다는 사실입니다. 첫 잠자리 스킨십에서 여자로서 행복하다는 느낌을 받아 두 번째 연애 가치관이 잘 형성되신 분은 연애가 즐겁기에 남자한테 사랑받는 법을 자연스레 알게 됩니다. 이후 새로운 연애를 시작하더라도 자신이 원하는 남자를 선택하여 사귈 수 있고, 연애하며 결혼까지 갈 확률이 높습니다. 경험에서 별 감흥이 없었거나 좋지 않았다고 하더라도 새로운 남자친구를 만나 사랑받는다는 느낌을 받으면 얼마든지 극복이 가능합니다.

다만 그저 그런 경험이었고, 유쾌하지 않은 기억으로 인해 트라우마로 남아 거부감이 들어 '남자는 다 늑대'라고 규정해버리는 것이 문제가 될 수 있습니다. 남자가 조금만 스킨십 진도를 나가려고 하면 그렇고 그런 남자로 정해버리고, 그 남자를 멀리하거나 더 이상 만나지 않으려 할 수 있습니다. 남자의 입장에서는 만지고 싶고, 스킨십을 나눌 마음이 들어야 사귀자고 고백할 것입니다. 자꾸 들이댄다는 것은 여자로서 매력이 있다는 것이니까 긍정적으로 생각하셔도 좋을 것 같습니다.

들이대는 남자가 없거나 거절만 당하는 여성분의 입장에서는 행복한 고민일 수도 있습니다. 여성분의 동의 없이 스킨십이 진행된다면, 그것은 범죄가 되는 것이니 너무 걱정하지 않으셔도 될 거 같습니다. 20대라도 대학생과 직장인, 잠자리 스킨십의 경험 유무에 따라서도 연애 라이프 스타일이 완전히 달라집니다. 경험이 없어 두렵거나 무서워하는 분도 계시고, 자신만의 신념이나 여러 가지 환경적인 이유로 혼전순결을 생각하는 분들도 있습니다. 저자는 혼전순결을 반대하는 것이 아니라, 다만 시간이 조금 많이 걸릴 수 있다는 것이 안타까울 뿐이랍니다.

20대와 30대 초반의 남자가 여자친구가 있음에도 혼자서 해결하는 것도 어느 정도까지이지, 잠자리 스킨십 시도 없이 기다릴 수 있다는 것은, 다른 생각을 한다거나 남자로서 문제가 있다고 한 번쯤 생각해볼 필요도 있을 수 있습니다. 20대 초반의 대학생일 때는 남자도 아직 경험이나 정보가 많지 않기에 서로 잠자리 스킨십 없는 교제만으로도 사귐이 가능합니다. 잠자리 스킨십에 어려움이 있는 30대 여성분들의 경우 이때 느꼈던 감정이 가장 순수하고 좋았다며, 교제에서 바로 결혼으로 넘어갈 수 있기를 기대하기도 합니다. 하지만 끓어오르는 20대 청춘의 남자라면 금세 달아오를 겁니다.

또한 남성들은 직장인 여성이라면 당연히 경험이 있을 것이고, 어느 정도 즐길 수 있는 정도라고 생각하며, 바라고 있습니다. 저자가 20대 여성분들께 행복한 스킨십의 중요성에 대해 강조하는 이유는, 그 이후 연애와 결혼이라는 과제가 남아 있기 때문입니다. 20대 초에 한 번 굳어진 연애 라이프 스타일은 직장인이 되고 30대가 되면 바꾸기 쉽지 않습니다. 만나자마자 호감이 간다고 성적 자기 결정권을 너무 빨리 행사하는 것도 문제지만, 20대에 경험이 없어 잠자리 스킨십에 대해 두려워하거나 무서워할 필요도 없습니다.

교제→연애→열애 순으로 진행해가되, 남자친구와 교제 선에서 서로가 신뢰를 쌓을 수 있는 일정 시간과 자신만의 관문을 만들어놓고, 그것을 넘어서 노력하는 배려와 희생이 느껴진다면 괜찮은 남자입니다. 그와 잠자리 스킨십이 진행된다면 피임을 확실히 하고 사랑받는 느낌을 받을 수 있으면 오케이입니다. 20대에는 남자의 내적인 요소까지 볼 수 있는 시간과 만날 수 있는 기회의 공간이 많기에, 조금만 뒤에서 생각해보면 충분히 나를 진심으로 좋아하는지 자신만의 검증이 가능할 것입니다.

멋진 남자친구를 만나 교제에서 서로 신뢰를 쌓아 여자로서 사랑받는 스킨십을 나누며 행복한 연애 가치관이 형성되길 진심으로 기원합니다. 이 책이 조금이나마 20대 여성분들의 연애에 도움이 되길 바랍니다. 감사합니다.

2018년 5월
황남인